COZINHA SEM BLÁ-BLÁ-BLÁ

Tradução: Michele A. Vartuli

Editora Senac São Paulo – São Paulo – 2018

UM BREVE BLÁ-BLÁ-BLÁ...

JÁ QUE NOSSAS VIDAS FRENÉTICAS NÃO NOS PERMITEM PERDER TEMPO NA COZINHA, OFERECEMOS 200 RECEITAS PRONTAS EM UM PISCAR DE OLHOS!

Você tem vontade de cozinhar, mas não de decifrar 25 linhas de receita? Quer comprar uma pastinaca, mas não faz ideia de como ela é? Aprecia um bom prato, mas abomina a ideia de passar 2 horas na cozinha? Tudo isso é normal, não precisa se culpar!

Não daremos instruções de uso, pois elas não são necessárias, e isso é o mais interessante deste novo livro, que logo vai se tornar indispensável para você. Aqui, você só vai encontrar o essencial: adicione os + e siga as setas: tão certo quanto 1 + 1 são 2, você e estas 200 receitas vão fazer maravilhas!

A FÓRMULA É SIMPLES: siga as imagens e a receita está pronta: bem-vindo à culinária da simplicidade!

SUMÁRIO

ENTRADAS

01 Rillettes de salmão levemente grelhado
02 Torta solar ao pesto com muçarela e abobrinha
03 Pão ouriço com queijo scamorza, sálvia e toucinho
04 Focaccia de tomate-cereja
05 Torta fina de tomates multicoloridos
06 Torta de beterraba com vinagre balsâmico
07 Pão de queijo feta, abobrinha e pinoli
08 Salmão gravlax com especiarias
09 Salada coleslaw com maionese de mel
10 Salada florestal com saucisson
11 Salada verde com muçarela de búfala
12 Salada tártara de beterraba e queijo de cabra
13 Cebola recheada com carne
14 Almôndegas de vitela com espinafre e gorgonzola
15 Lula com maionese de limão
16 Sopa cremosa de abobrinha com curry e queijo fresco
17 Sopa cremosa de cenoura com amendoim e coentro
18 Sopa cremosa de abóbora e de lentilha com curry
19 Sopa de maçã, batata-doce e gengibre
20 Sopa de espinafre com cominho

CARNES

21 Rosbife com batatas ao pesto
22 Wok de carne com macarrão de arroz e brócolis
23 Chili com carne expresso
24 Carne com coentro e capim-cidreira
25 Carne com cerveja
26 Carne com cebola
27 Espetinhos de kafta e salada de tomate
28 Espaguete à bolonhesa
29 Linguine com almôndegas
30 Hambúrguer americano
31 Fajitas de carne
32 Moussaka grega
33 Ossobuco com limão em conserva
34 Saltimbocca de vitela com muçarela defumada e alecrim
35 Vitela assada recheada com ervas
36 Picadinho de vitela com cogumelos
37 Blanquette de vitela
38 Tagine de cordeiro com peras e mel
39 Curry de cordeiro supermacio
40 Costelas de porco ao molho de churrasco
41 Filé mignon suíno marinado com tomate seco
42 Filezinhos suínos com molho de pera e queijo azul
43 Porco sauté com abacaxi
44 Porco sauté com gengibre
45 Colombo suíno
46 Risoto de linguiça e cogumelo
47 Batatas com linguiça de Morteau e mostarda
48 Trofie com tomate e linguiça
49 Penne ao molho de tomate com toucinho e cebola
50 Quiche de presunto, hortelã e ervilha
51 Pizza fácil de chorizo
52 Pizza de legumes grelhados, presunto e muçarela
53 Flammekueche de queijo cremoso
54 One pot pasta de trofie, ervilha e toucinho
55 Tomates recheados gratinados
56 Frango assado mítico
57 Frango crocante com flocos de milho
58 Coxas de frango laqueadas com mel, limão e coentro

59 Curry vermelho de frango com leite de coco
60 Wraps de frango com especiarias
61 Tagine de frango com tâmaras
62 Frango basco
63 Espetinhos de frango tandoori
64 Salada de peru com frutas secas
65 Torta de confit de pato
66 Caçarola de pato com laranja e mel
67 Curry vermelho de pato

PESCADOS

68 Salada de salmão com frutas cítricas
69 Ravióli de peixe branco e cebolinha
70 Salmão com batata escandinava
71 Salada poke bowl
72 Blanquette de salmão com alho-poró
73 Rotelle com salmão
74 Pizza branca de salmão defumado
75 Tagine de salmão
76 Lasanha de truta e espinafre
77 Atum semicru com gergelim e vagem
78 Peixe cozido com especiarias suaves
79 Brandade de bacalhau
80 Fish and chips revisitados
81 Curry de bacalhau com garam masala
82 Bacalhau poché com espinafre e leite de coco
83 Trouxinhas de saithe com frutas cítricas
84 Ceviche de saithe
85 Dorso de saithe empanado em grãos
86 Peixe-espada grelhado com molho de salsinha e salada
87 Caçarola de tamboril, batata e presunto
88 Merluza com molho verde
89 Celentani com hadoque e limão
90 Cuscuz de sargo
91 Sargo e tomate-cereja com macarrão ao ragu
92 Torta de merluza com cenoura
93 Bolinhos de bacalhau das Antilhas
94 Anchovas com tomate-cereja, alho e orégano

95 Pappardelle de sardinha
96 Rolinhos de sardinha
97 Salada bo bun
98 Ravióli frito de camarão
99 Arroz com camarão e ervilha
100 Tagine de camarão com harissa
101 One pot pasta com camarão e açafrão
102 Batatas com camarão e espinafre
103 Macarrão com siri, creme de leite e cebolinha-francesa
104 Trouxinhas de vieira com alho-poró
105 Vieiras com curry e leite de coco
106 Penne de trigo-sarraceno com mexilhões e hortelã
107 Espaguete de tinta de lula com mexilhões
108 Mexilhões expressos com leite de coco e limão
109 Espaguete com mexilhões
110 Caldeirada de mexilhões com curry
111 Navalhas grelhadas com salsinha e limão
112 Lula ao molho de conhaque
113 Lula frita com cebola e alcachofra

VEGETAIS

114 Gratinado de alho-poró com queijo emmental
115 Gratinado de batata
116 Gratinado de abóbora com trigo-sarraceno e muçarela
117 Gratinado de pimentão e abobrinha com queijo feta
118 Clafoutis de tomate-cereja
119 Pão de pimentão, queijo brie e manjericão
120 Torta de favas e gorgonzola
121 Torta fria de cream cheese
122 Torta de legumes
123 Pizza de alcachofra em conserva, figo e queijo scamorza
124 Pizza branca de muçarela e sálvia
125 Mac & cheese americano
126 Conchiglioni recheados com abóbora e sálvia
127 Nhoque frito primaveril

128 Linguine com aspargos e avelã
129 Lasanha de abobrinha
130 Cannelloni de ricota e espinafre
131 One pot pasta à putanesca
132 One pot pasta com legumes verdes
133 Tagliolini com favas e muçarela de búfala
134 Risoto com pesto de rúcula
135 Risoto de cogumelos com sementes de abóbora
136 Risoto de abóbora
137 Cevadinha com legumes de outono
138 Panzanella de forno
139 Tabule de quinoa
140 Salada de abacate com frutas cítricas
141 Salada de lentilhas
142 Curry de legumes à indiana
143 Cuscuz de cevada com legumes
144 Flores de abobrinha recheadas com ricota e hortelã
145 Legumes assados com azeitonas e limões em conserva
146 Tomates recheados com tofu
147 Tomates assados com queijo de cabra e manjericão
148 Legumes recheados com ricota
149 Cenouras com cominho e cúrcuma
150 Batata assada com casca
151 Batata palito com sal com aroma de alho
152 Ratatouille à provençal
153 Tian de legumes com tomilho
154 Espaguete de abobrinha com ricota
155 Hambúrguer vegetariano de feijão-vermelho
156 Tortilla de batata
157 Fritada de espinafre com cogumelos
158 Omelete de cogumelos-de-paris
159 Caponata siciliana
160 Hambúrguer vegetariano de berinjela grelhada

SOBREMESAS

161 Bolo de chocolate com pera
162 Petit gâteau de chocolate com gengibre
163 Brownie de noz-pecã
164 Bolo de chocolate para iniciantes
165 Bolo marmorizado
166 Clafoutis de cereja e amêndoa
167 Quadradinhos de limão
168 Bolo invertido de abacaxi
169 Torta multifrutas
170 Tarte tatin de pera
171 Torta de frutas com creme de amêndoas
172 Torta de limão
173 Pastéis de nata
174 Crumble de maçã e framboesa
175 Granola sabor baunilha
176 Crisps de chocolate
177 Maçãs ao forno com pralinê
178 Rolinhos primavera de frutas
179 Tortinhas de abacate
180 Cheesecake de biscoito natalino e pera
181 Merengue de frutas vermelhas
182 Tiramisu de vinho Marsala
183 Panna cotta com geleia de fruta
184 Crème brûlée com cumaru
185 Mousse de morango
186 Mousse de chocolate meio amargo
187 Galette des rois
188 Tronquinho de manga e maracujá
189 Raspadinha de limão
190 Sorvete de mirtilo

BEBIDAS

191 Mojito original
192 Piña colada do sol
193 Raspadinha de Cosmopolitan
194 Raspadinha de mojito de pepino
195 Vinho quente com especiarias
196 Coco quente cremoso
197 Café latte decorado
198 Matcha latte decorado
199 Mexican coffee com especiarias
200 Irish coffee achocolatado

01 RILLETTES
de salmão levemente grelhado

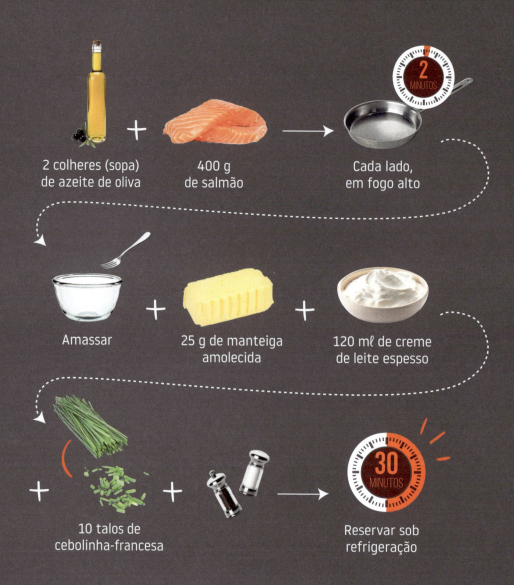

ENTRADAS

- SERVE 8 PESSOAS
- PREPARO: 10 MINUTOS
- COZIMENTO: 4 MINUTOS
- RESERVAR: 30 MINUTOS

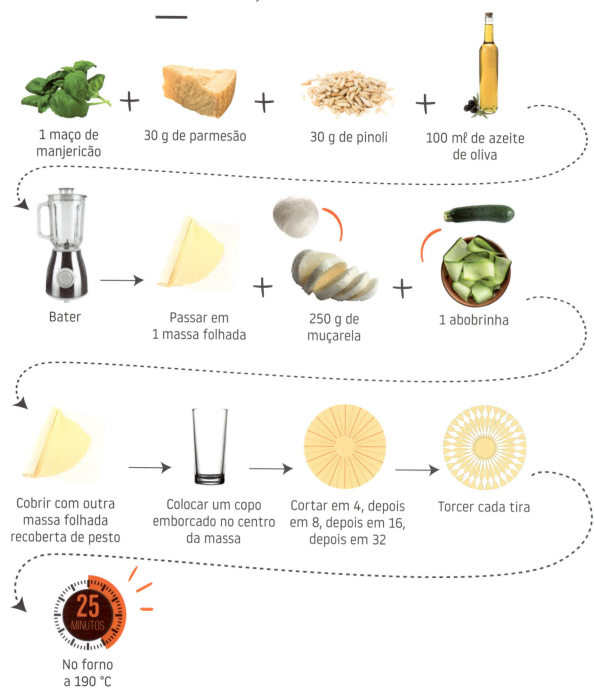

SERVE 6 PESSOAS
PREPARO: 20 MINUTOS
COZIMENTO: 25 MINUTOS

03 PÃO OURIÇO
com queijo scamorza, sálvia e toucinho

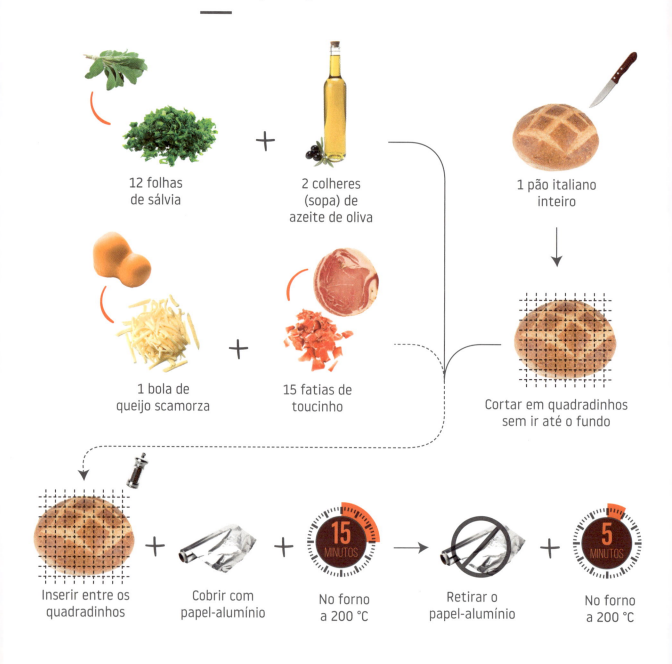

12 folhas de sálvia + 2 colheres (sopa) de azeite de oliva

1 bola de queijo scamorza + 15 fatias de toucinho

1 pão italiano inteiro

Cortar em quadradinhos sem ir até o fundo

Inserir entre os quadradinhos + Cobrir com papel-alumínio + No forno a 200 °C 15 minutos → Retirar o papel-alumínio + No forno a 200 °C 5 minutos

ENTRADAS

SERVE 4 PESSOAS
PREPARO: 15 MINUTOS
COZIMENTO: 20 MINUTOS

04 FOCCACIA
de tomate-cereja

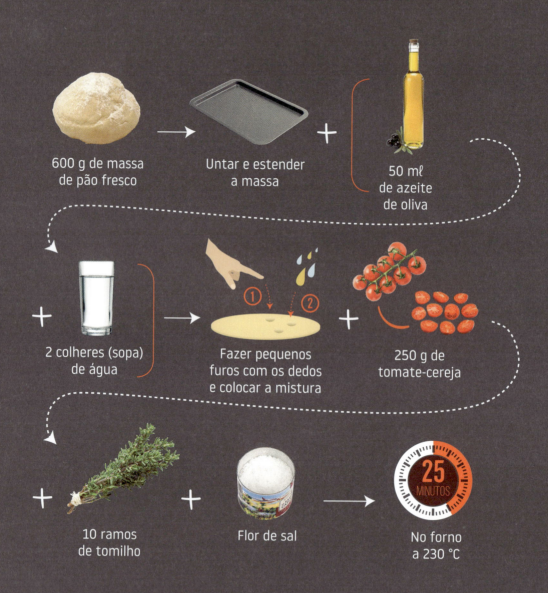

ENTRADAS

05 TORTA FINA
de tomates multicoloridos

1 massa podre → + 3 colheres (sopa) de mostarda

+ 5 tomates + 4 colheres (sopa) de azeite de oliva → 30 minutos No forno a 180 °C

+ 1 punhado de folhas de manjericão + Flor de sal

ENTRADAS

06 TORTA DE BETERRABA
com vinagre balsâmico

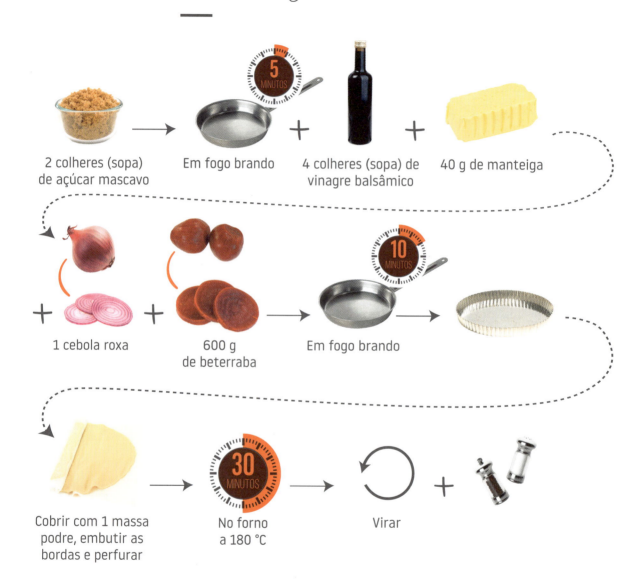

ENTRADAS

SERVE 4 PESSOAS
PREPARO: 15 MINUTOS
COZIMENTO: 45 MINUTOS

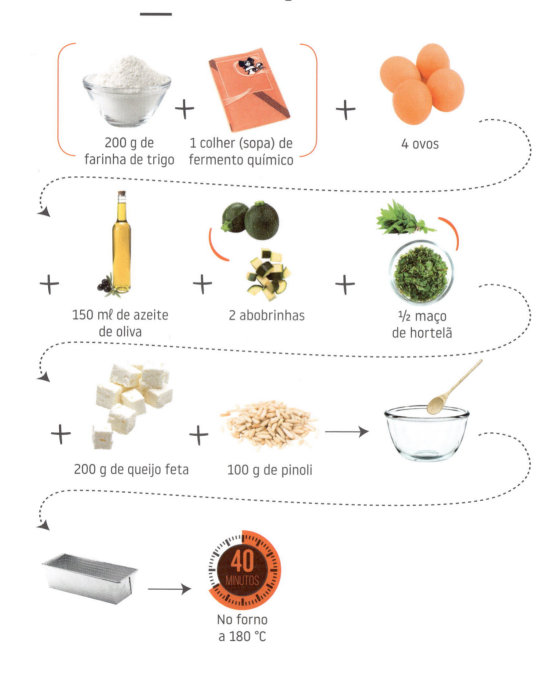

SERVE 8 PESSOAS
PREPARO: 15 MINUTOS
COZIMENTO: 40 MINUTOS

08 SALMÃO GRAVLAX
com especiarias

800 g de salmão espesso

200 g de sal grosso
+
150 g de açúcar

Debaixo do salmão
Sobre o salmão

1 maço de aneto + 1 colher (sopa) de pimenta-rosa + 1 colher (sopa) de coentro em grãos

Filme plástico + Pressionar → 12 HORAS Na geladeira → Enxaguar e secar

ENTRADAS

SERVE 8 PESSOAS
PREPARO: 15 MINUTOS
RESERVAR: 12 A 24 HORAS

10 SALADA FLORESTAL
com saucisson

½ saucisson + ½ maço de cerefólio desfolhado + 200 g de mix de salada + Molho vinagrete + 200 g de cogumelo-de-paris pequeno + 1 punhado de pistache

ENTRADAS

SERVE 4 PESSOAS
PREPARO: 15 MINUTOS

11 SALADA VERDE
com muçarela de búfala

ENTRADAS

SERVE 4 PESSOAS
PREPARO: 15 MINUTOS
COZIMENTO: 10 MINUTOS

12 SALADA TÁRTARA
de beterraba e queijo de cabra

2 beterrabas pequenas + 300 g de rúcula + 4 damascos secos + 1 punhado de nozes + Molho vinagrete + 1 queijo de cabra meio seco em fatias finas

ENTRADAS

SERVE 4 PESSOAS
PREPARO: 15 MINUTOS

13 CEBOLA RECHEADA
com carne

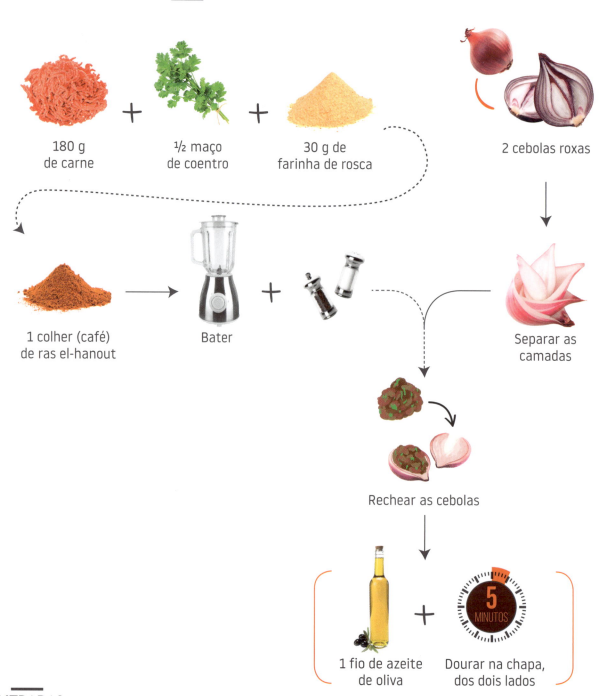

ENTRADAS

SERVE 6 PESSOAS
PREPARO: 15 MINUTOS
COZIMENTO: 5 MINUTOS

14 ALMÔNDEGAS DE VITELA
com espinafre e gorgonzola

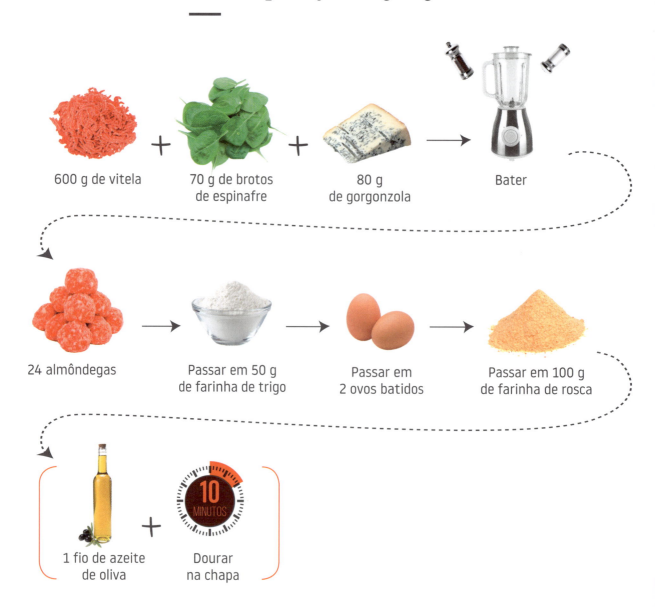

ENTRADAS

SERVE 6 PESSOAS
PREPARO: 15 MINUTOS
COZIMENTO: 10 MINUTOS

15 LULA
com maionese de limão

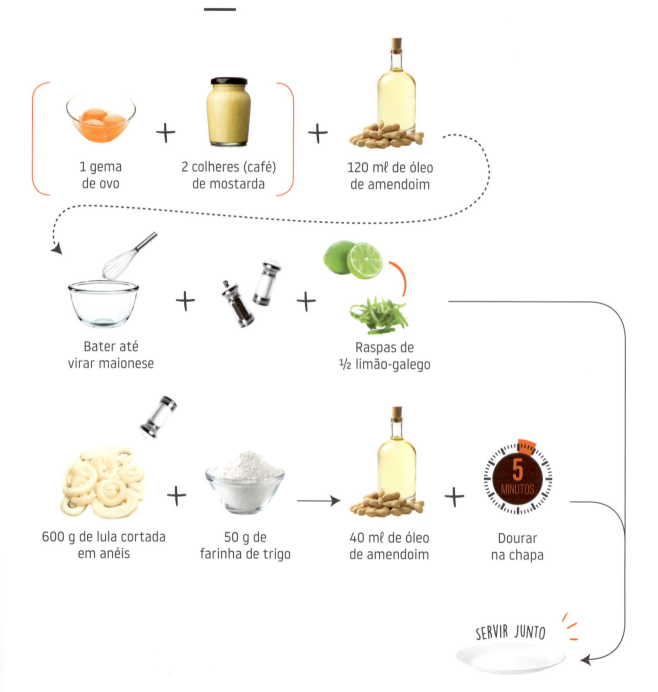

- 1 gema de ovo
- 2 colheres (café) de mostarda
- 120 ml de óleo de amendoim

Bater até virar maionese

- Raspas de ½ limão-galego

- 600 g de lula cortada em anéis
- 50 g de farinha de trigo
- 40 ml de óleo de amendoim
- 5 MINUTOS — Dourar na chapa

SERVIR JUNTO

ENTRADAS

SERVE 5 PESSOAS
PREPARO: 15 MINUTOS
COZIMENTO: 5 MINUTOS

16 SOPA CREMOSA DE ABOBRINHA
com curry e queijo fresco

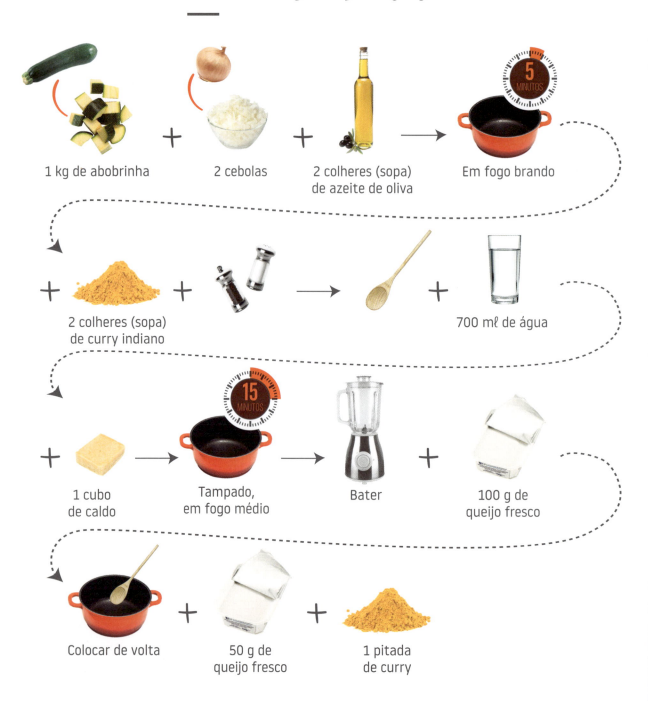

1 kg de abobrinha + 2 cebolas + 2 colheres (sopa) de azeite de oliva → Em fogo brando (5 minutos)

+ 2 colheres (sopa) de curry indiano + sal e pimenta → + 700 mℓ de água

+ 1 cubo de caldo → Tampado, em fogo médio (15 minutos) → Bater + 100 g de queijo fresco

Colocar de volta + 50 g de queijo fresco + 1 pitada de curry

ENTRADAS

SERVE 6 PESSOAS
PREPARO: 15 MINUTOS
COZIMENTO: 20 MINUTOS

17 SOPA CREMOSA DE CENOURA
com amendoim e coentro

ENTRADAS

SERVE 4 PESSOAS
PREPARO: 10 MINUTOS
COZIMENTO: 30 MINUTOS

19 SOPA DE MAÇÃ,
batata-doce e gengibre

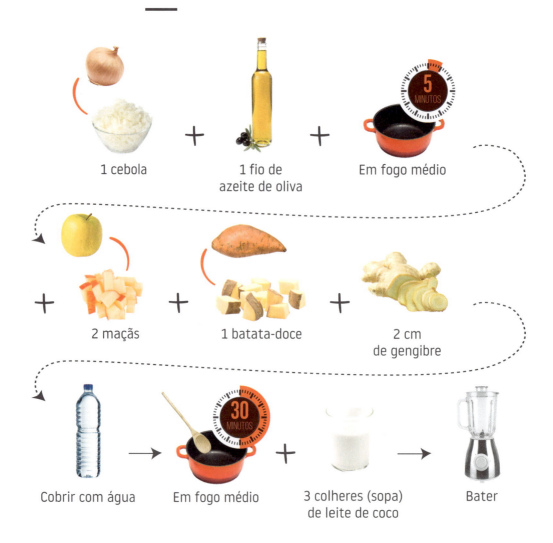

ENTRADAS

SERVE 4 PESSOAS
PREPARO: 10 MINUTOS
COZIMENTO: 35 MINUTOS

20 SOPA DE ESPINAFRE
com cominho

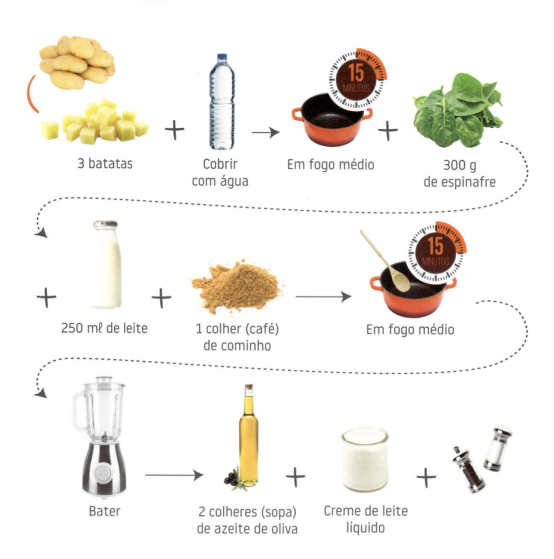

3 batatas + Cobrir com água → Em fogo médio (15 minutos) + 300 g de espinafre

+ 250 mℓ de leite + 1 colher (café) de cominho → Em fogo médio (15 minutos)

Bater → 2 colheres (sopa) de azeite de oliva + Creme de leite líquido +

ENTRADAS

21 ROSBIFE
com batatas ao pesto

CARNES

22 WOK DE CARNE
com macarrão de arroz e brócolis

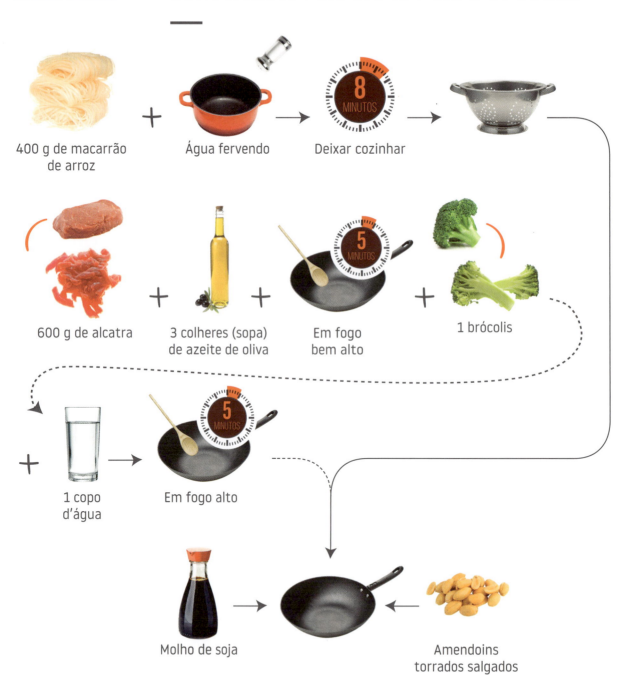

CARNES

SERVE 8 PESSOAS
PREPARO: 15 MINUTOS
COZIMENTO: 18 MINUTOS

23 CHILI COM CARNE
expresso

2 cebolas + 2 colheres (sopa) de azeite de oliva → Em fogo médio 3 MINUTOS

+ 500 g de carne moída → Em fogo médio 5 MINUTOS + 300 g de tomate concassé

+ 400 g de feijão-vermelho em conserva + 1 colher (sopa) de chili + 1 colher (sopa) de cominho

+ → Em fogo brando 20 MINUTOS

CARNES

SERVE 4 PESSOAS
PREPARO: 10 MINUTOS
COZIMENTO: 28 MINUTOS

24 CARNE COM COENTRO
e capim-cidreira

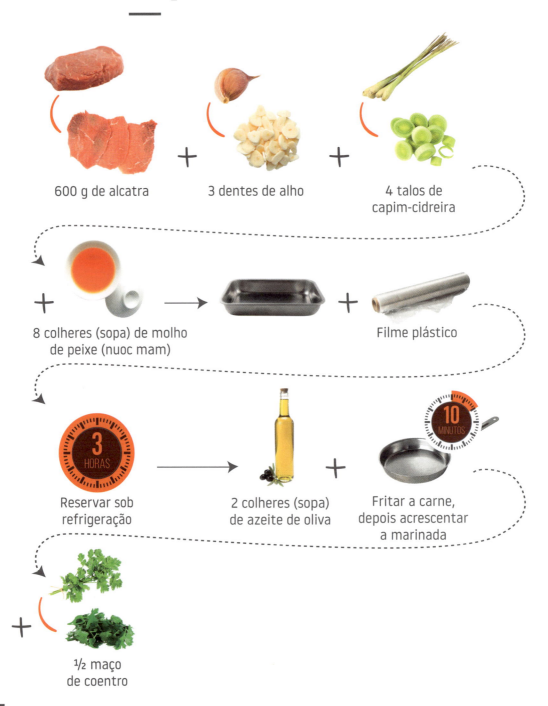

600 g de alcatra + 3 dentes de alho + 4 talos de capim-cidreira + 8 colheres (sopa) de molho de peixe (nuoc mam) → Filme plástico + Reservar sob refrigeração (3 HORAS) → 2 colheres (sopa) de azeite de oliva + Fritar a carne, depois acrescentar a marinada (10 MINUTOS) + ½ maço de coentro

CARNES

SERVE 4 PESSOAS
PREPARO: 15 MINUTOS
REFRIGERAÇÃO: 3 HORAS
COZIMENTO: 10 MINUTOS

25 CARNE
com cerveja

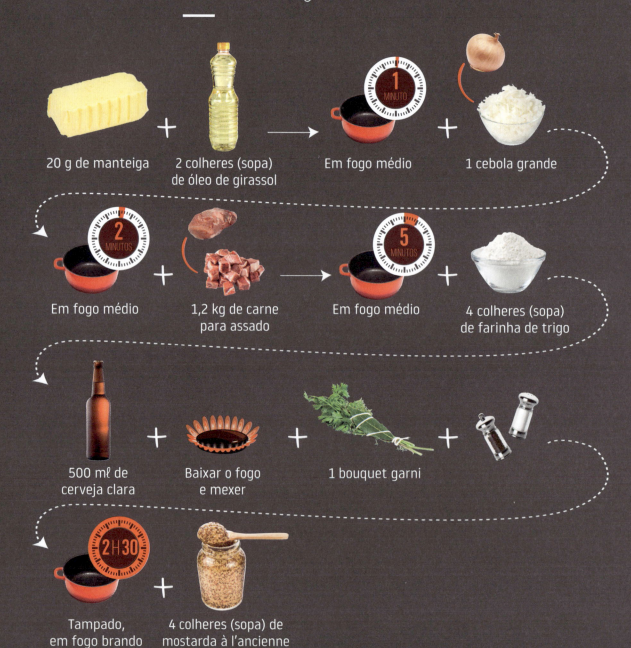

- 20 g de manteiga
- 2 colheres (sopa) de óleo de girassol
- Em fogo médio — 1 MINUTO
- 1 cebola grande
- Em fogo médio — 2 MINUTOS
- 1,2 kg de carne para assado
- Em fogo médio — 5 MINUTOS
- 4 colheres (sopa) de farinha de trigo
- 500 ml de cerveja clara
- Baixar o fogo e mexer
- 1 bouquet garni
- Tampado, em fogo brando — 2 H 30
- 4 colheres (sopa) de mostarda à l'ancienne

CARNES

SERVE 4 PESSOAS
PREPARO: 15 MINUTOS
COZIMENTO: 2H38

26 CARNE
com cebola

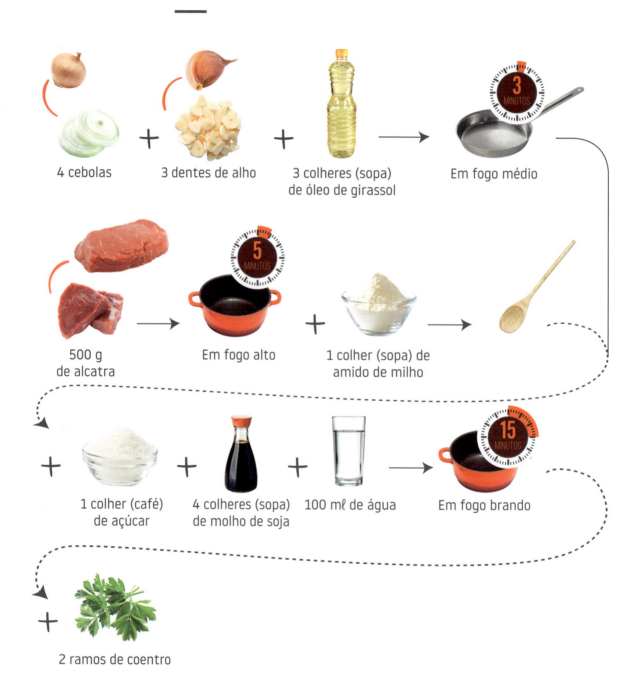

CARNES

SERVE 4 PESSOAS
PREPARO: 15 MINUTOS
COZIMENTO: 23 MINUTOS

27 ESPETINHOS
de kafta e salada de tomate

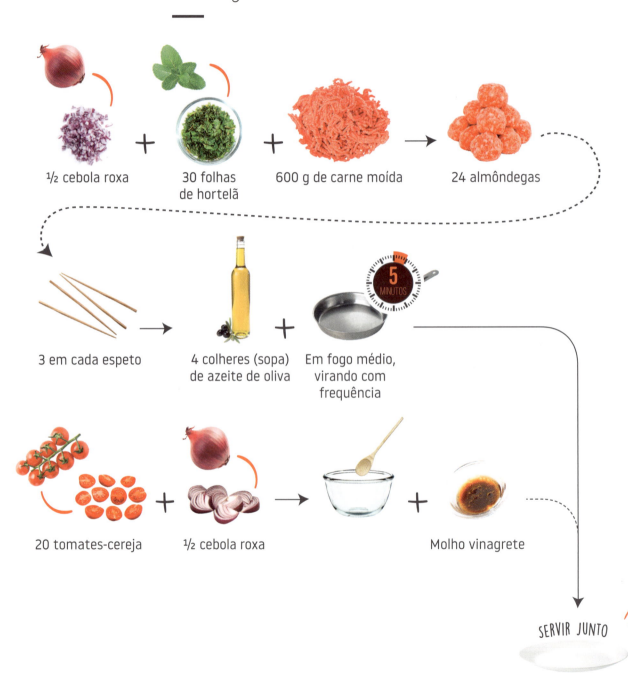

½ cebola roxa + 30 folhas de hortelã + 600 g de carne moída → 24 almôndegas

3 em cada espeto → 4 colheres (sopa) de azeite de oliva + Em fogo médio, virando com frequência (5 minutos)

20 tomates-cereja + ½ cebola roxa → + Molho vinagrete

SERVIR JUNTO

CARNES

SERVE 4 PESSOAS
PREPARO: 15 MINUTOS
COZIMENTO: 5 MINUTOS

28 ESPAGUETE
à bolonhesa

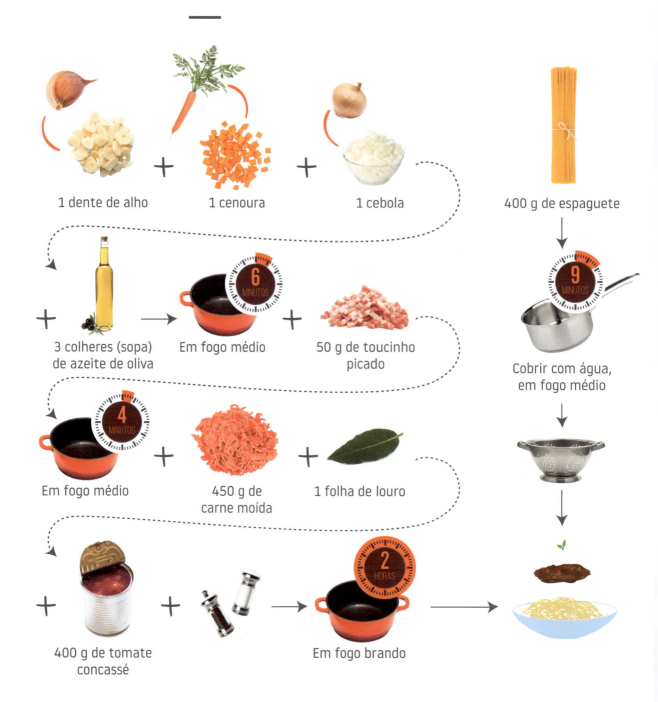

CARNES

SERVE 4 PESSOAS
PREPARO: 15 MINUTOS
COZIMENTO: 2H10

29 LINGUINE
com almôndegas

CARNES

SERVE 4 PESSOAS
PREPARO: 15 MINUTOS
COZIMENTO: 15 MINUTOS

SERVE 4 PESSOAS
PREPARO: 15 MINUTOS
COZIMENTO: 25 MINUTOS

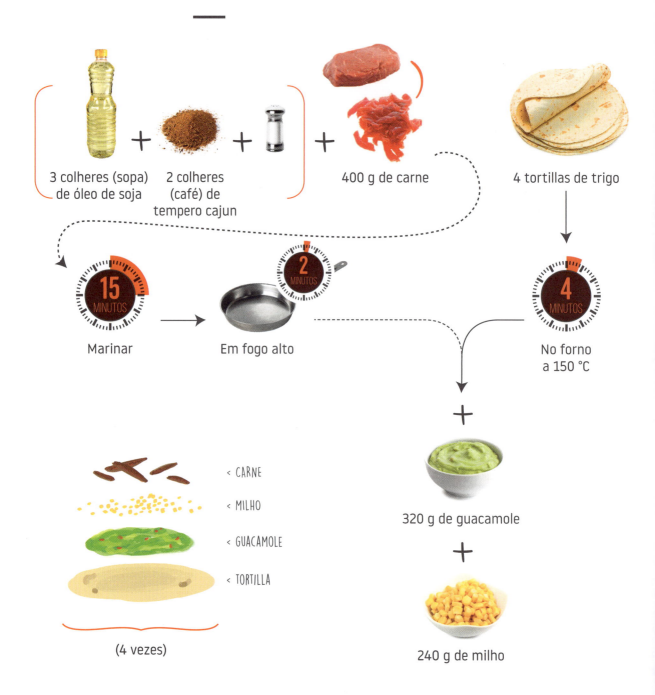

SERVE 4 PESSOAS
PREPARO: 15 MINUTOS
COZIMENTO: 4 MINUTOS
RESERVAR: 15 MINUTOS

32 MOUSSAKA
grega

SERVE 6 PESSOAS
PREPARO: 15 MINUTOS
COZIMENTO: 45 MINUTOS

33 OSSOBUCO
com limão em conserva

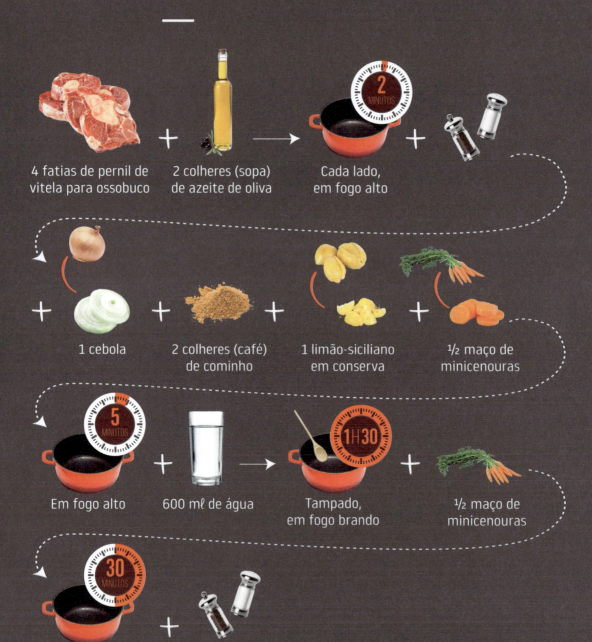

SERVE 4 PESSOAS
PREPARO: 15 MINUTOS
COZIMENTO: 2H07

34 SALTIMBOCCA DE VITELA
com muçarela defumada e alecrim

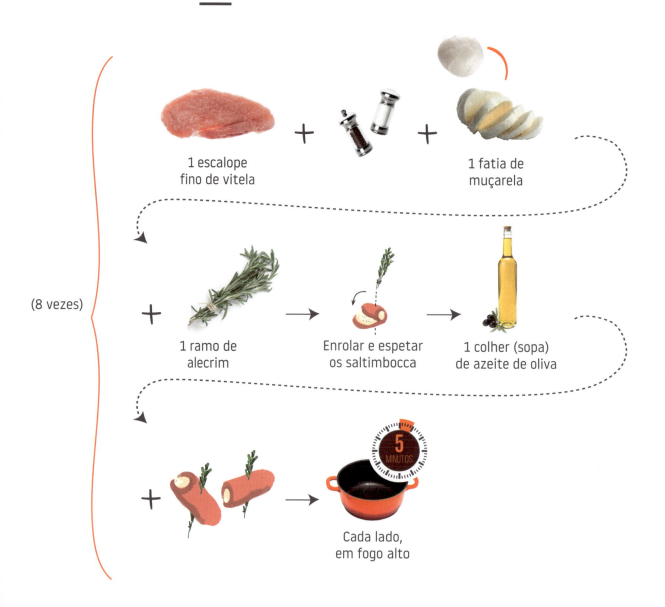

CARNES

SERVE 8 PESSOAS
PREPARO: 15 MINUTOS
COZIMENTO: 15 MINUTOS

35 VITELA ASSADA
recheada com ervas

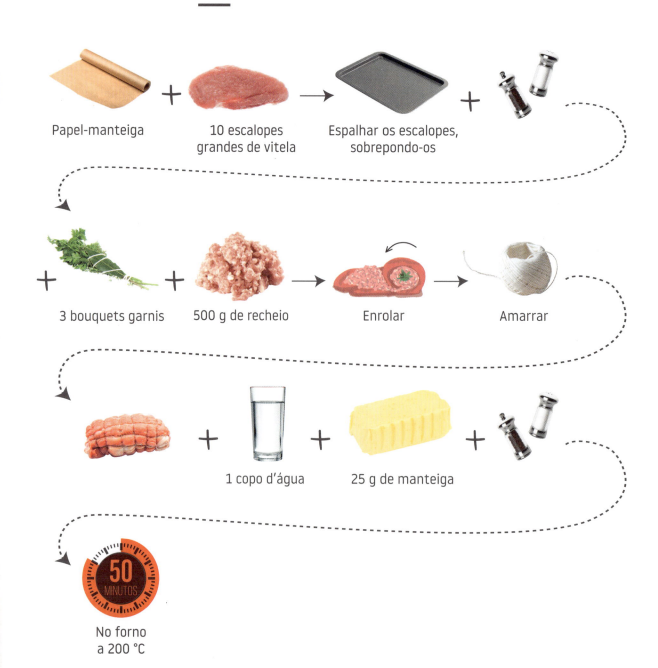

Papel-manteiga + 10 escalopes grandes de vitela → Espalhar os escalopes, sobrepondo-os +

+ 3 bouquets garnis + 500 g de recheio → Enrolar → Amarrar

+ 1 copo d'água + 25 g de manteiga +

50 MINUTOS
No forno a 200 °C

CARNES

SERVE 8 PESSOAS
PREPARO: 15 MINUTOS
COZIMENTO: 50 MINUTOS

36 PICADINHO DE VITELA
com cogumelos

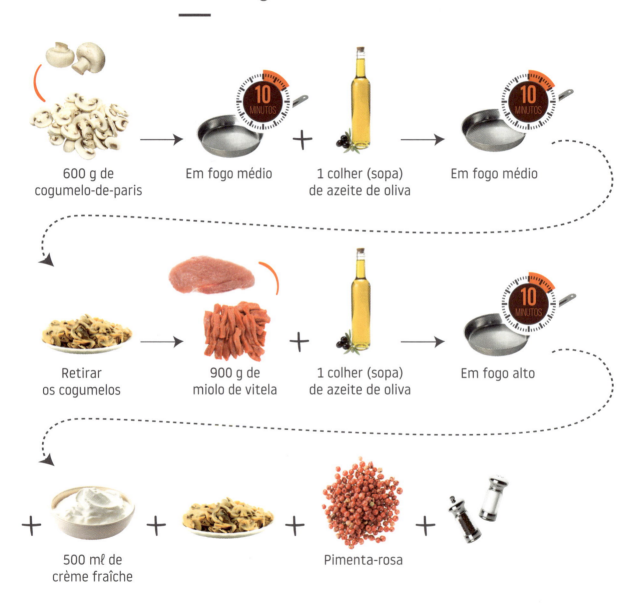

CARNES

SERVE 8 PESSOAS
PREPARO: 20 MINUTOS
COZIMENTO: 30 MINUTOS

37 BLANQUETTE
de vitela

800 g de vitela picada para blanquette + 2 colheres (sopa) de óleo de girassol → Em fogo médio (15 minutos) + 1 colher (sopa) de farinha de trigo

4 cenouras + 2 alhos-porós + 1 cebola → Em fogo médio (15 minutos)

1 cubo de caldo + sal e pimenta → Cobrir com água, em fogo brando (1 hora) + 150 mℓ de crème fraîche

+ [1 gema de ovo + Suco de ½ limão-siciliano] →

CARNES

SERVE 4 PESSOAS
PREPARO: 15 MINUTOS
COZIMENTO: 1H30

38 TAGINE DE CORDEIRO
com peras e mel

SERVE 4 PESSOAS
PREPARO: 15 MINUTOS
COZIMENTO: 48 MINUTOS

39 CURRY DE CORDEIRO
supermacio

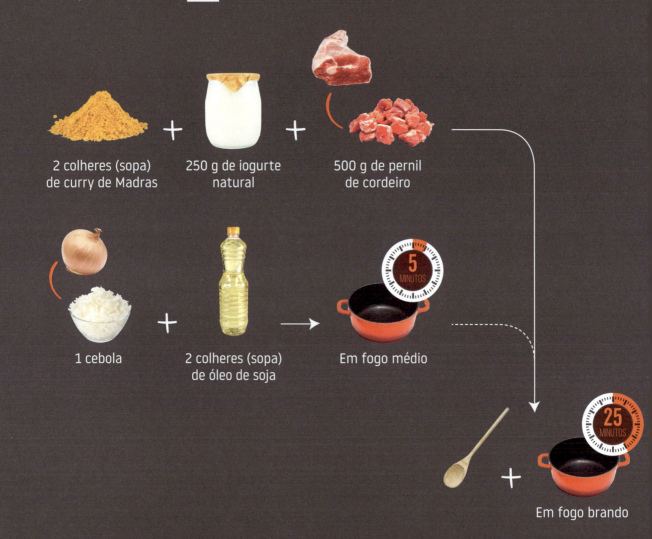

2 colheres (sopa) de curry de Madras + 250 g de iogurte natural + 500 g de pernil de cordeiro

1 cebola + 2 colheres (sopa) de óleo de soja → Em fogo médio (5 minutos)

+ Em fogo brando (25 minutos)

CARNES

SERVE 4 PESSOAS
PREPARO: 15 MINUTOS
COZIMENTO: 30 MINUTOS

40 COSTELAS DE PORCO
ao molho de churrasco

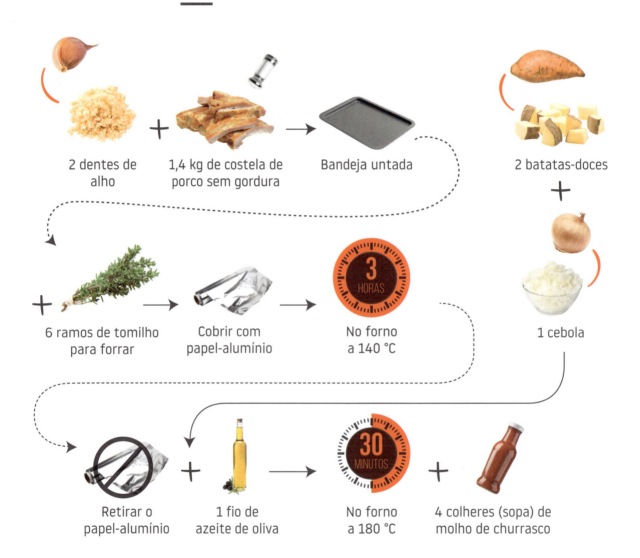

CARNES

SERVE 4 PESSOAS
PREPARO: 15 MINUTOS
COZIMENTO: 3H30

41 FILÉ MIGNON SUÍNO
marinado com tomate seco

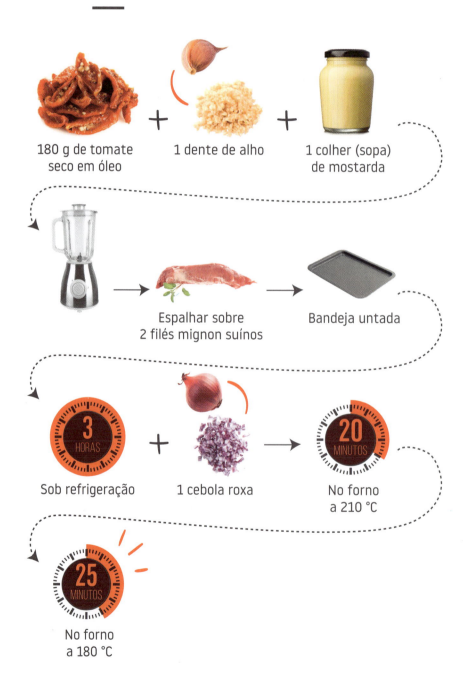

180 g de tomate seco em óleo + 1 dente de alho + 1 colher (sopa) de mostarda

Espalhar sobre 2 filés mignon suínos → Bandeja untada

3 HORAS Sob refrigeração + 1 cebola roxa → 20 MINUTOS No forno a 210 °C

25 MINUTOS No forno a 180 °C

CARNES

SERVE 8 PESSOAS
PREPARO: 10 MINUTOS
RESERVAR: 3 HORAS
COZIMENTO: 45 MINUTOS

42 FILEZINHOS SUÍNOS
com molho de pera e queijo azul

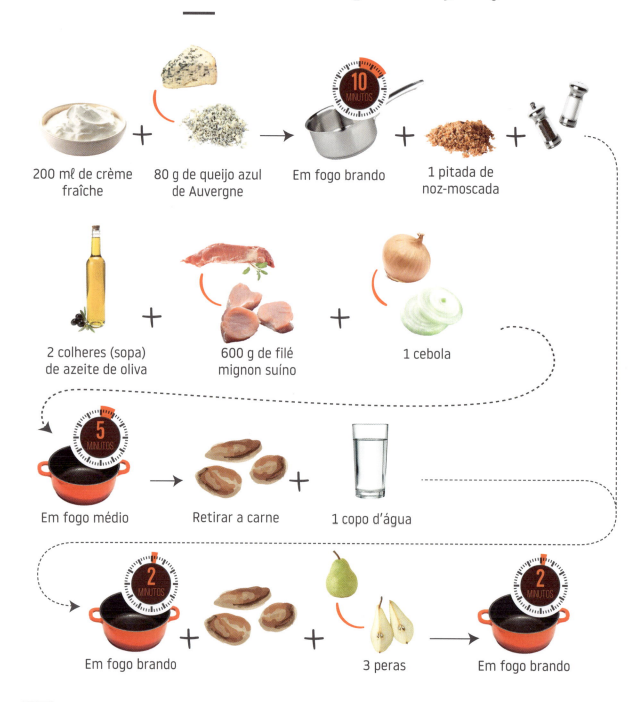

CARNES

43 PORCO SAUTÉ
com abacaxi

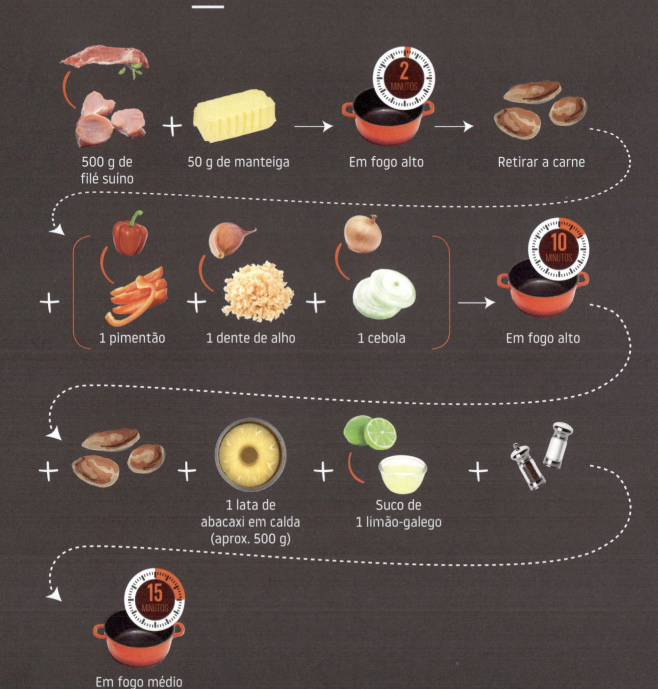

CARNES

44 PORCO SAUTÉ
com gengibre

4 talos de cebolinha + 3 cm de gengibre + 2 colheres (sopa) de óleo de semente de uva

Em fogo médio (5 minutos) + 600 g de filé mignon suíno + 3 colheres (sopa) de molho de soja

+ 2 colheres (café) de açúcar demerara → Em fogo brando (10 minutos) →

CARNES

45

COLOMBO
suíno

—

700 g de filé mignon suíno + 2 colheres (sopa) de óleo de soja → Em fogo médio (5 minutos) + 3 colheres (sopa) de tempero para colombo

Em fogo médio (2 minutos) → → 70 mℓ de água + 250 mℓ de crème fraîche

+ → Em fogo brando (15 minutos) →

CARNES

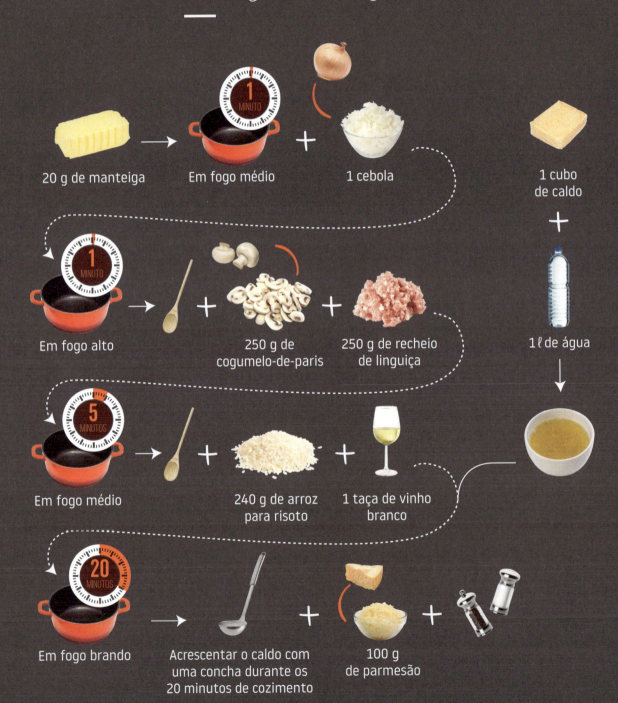

SERVE 4 PESSOAS
PREPARO: 15 MINUTOS
COZIMENTO: 27 MINUTOS

47 BATATAS
com linguiça de Morteau e mostarda

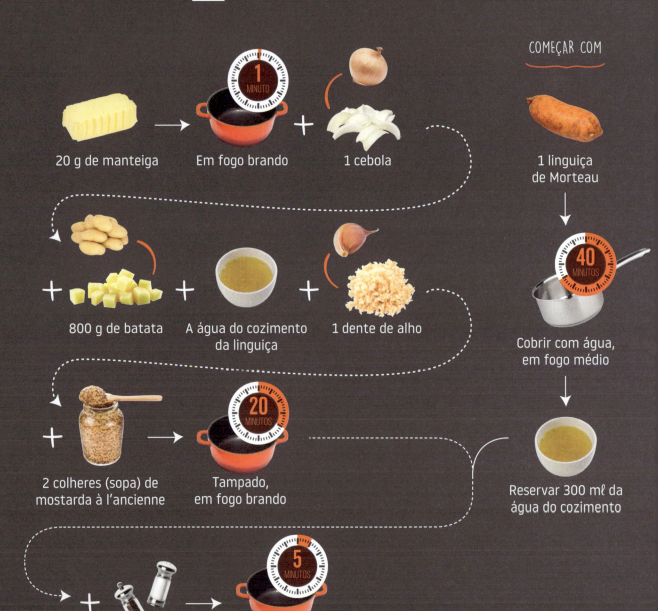

SERVE 4 PESSOAS
PREPARO: 15 MINUTOS
COZIMENTO: 45 MINUTOS

48 TROFIE
com tomate e linguiça

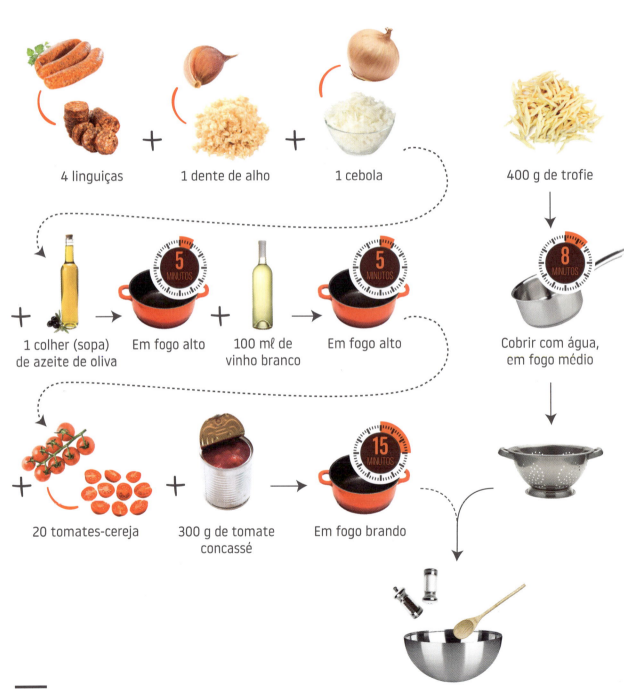

CARNES

SERVE 4 PESSOAS
PREPARO: 15 MINUTOS
COZIMENTO: 25 MINUTOS

49 PENNE AO MOLHO DE TOMATE
com toucinho e cebola

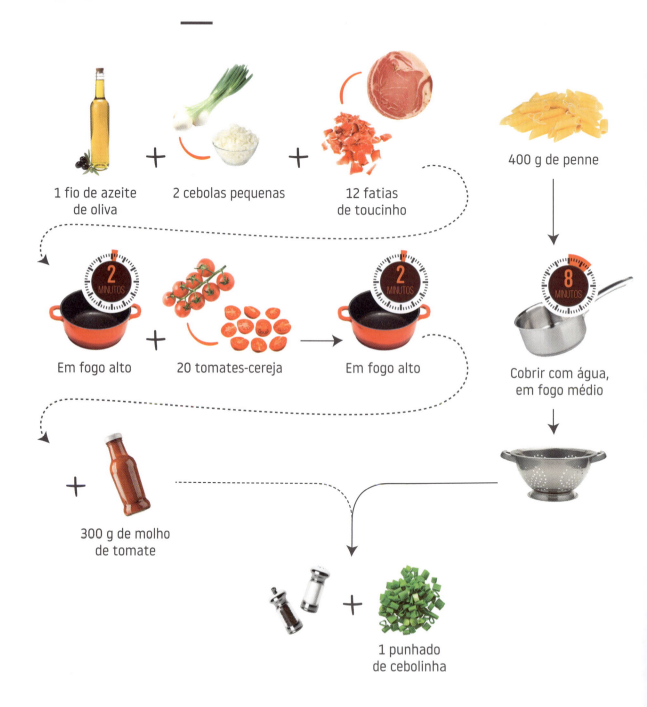

CARNES

SERVE 4 PESSOAS
PREPARO: 15 MINUTOS
COZIMENTO: 8 MINUTOS

50 QUICHE DE PRESUNTO,
hortelã e ervilha

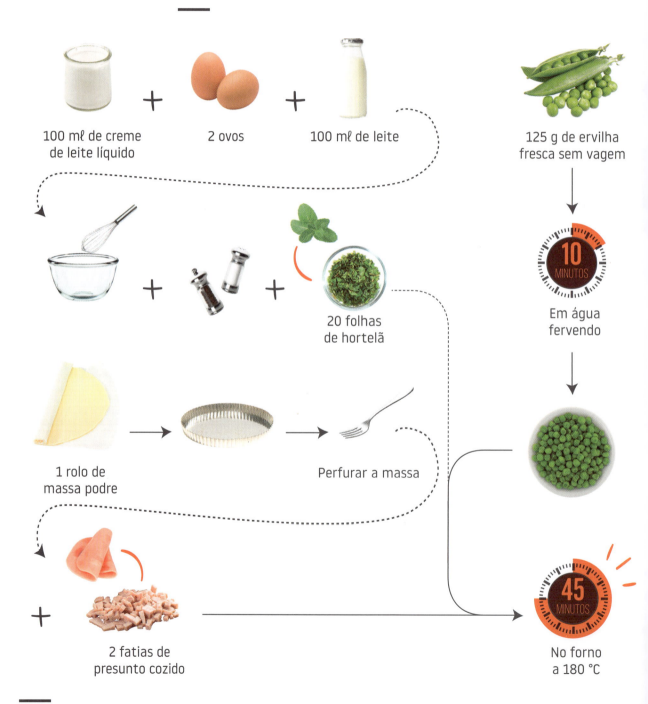

CARNES

51 PIZZA FÁCIL
de chorizo

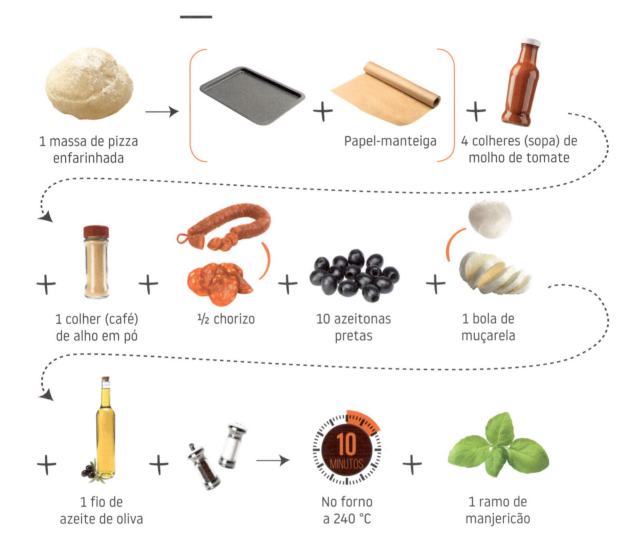

CARNES

SERVE 4 PESSOAS
PREPARO: 10 MINUTOS
COZIMENTO: 10 MINUTOS

52 PIZZA DE LEGUMES
grelhados, presunto e muçarela

—

 +  +  +

100 g de tomate concassé em conserva | 1 colher (café) de orégano | 2 colheres (sopa) de azeite de oliva

 → +

1 massa de pizza enfarinhada | Papel-manteiga

 +  +  →

8 MINUTOS — No forno a 250 °C | 300 g de muçarela | 200 g de legumes grelhados em óleo | 3 MINUTOS — No forno a 250 °C

+  +  +

4 fatias de presunto cru | 150 g de muçarela em bolinhas | 2 ramos de manjericão

CARNES

SERVE 8 PESSOAS
PREPARO: 20 MINUTOS
COZIMENTO: 11 MINUTOS

53 FLAMMEKUECHE
de queijo cremoso

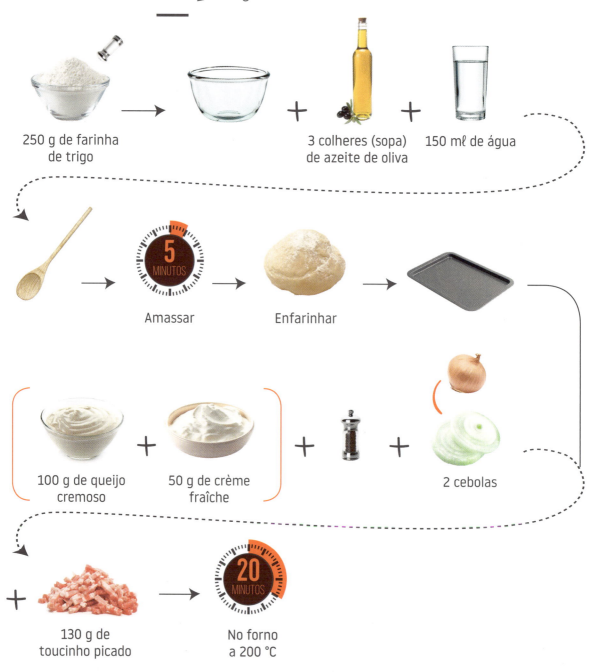

250 g de farinha de trigo

3 colheres (sopa) de azeite de oliva

150 mℓ de água

Amassar — 5 MINUTOS

Enfarinhar

100 g de queijo cremoso

50 g de crème fraîche

2 cebolas

130 g de toucinho picado

No forno a 200 °C — 20 MINUTOS

CARNES

54 ONE POT PASTA
de trofie, ervilha e toucinho

400 g de trofie + 300 g de ervilha fresca sem vagem + 1 cebola + 200 g de toucinho picado + [sal e pimenta] → Cobrir com água + 4 colheres (sopa) de crème fraîche → Em fogo brando — 12 minutos

CARNES

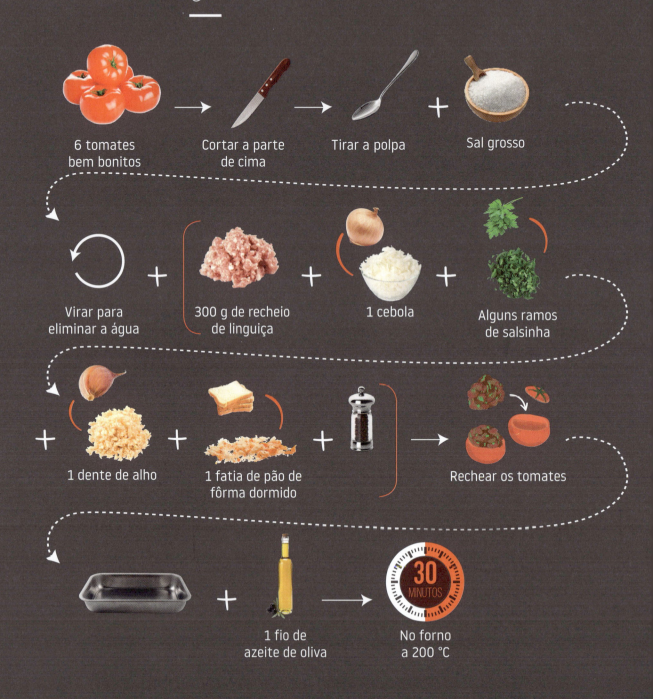

SERVE 4 PESSOAS
PREPARO: 15 MINUTOS
COZIMENTO: 30 MINUTOS

56 FRANGO ASSADO
mítico

CARNES

SERVE 6 PESSOAS
PREPARO: 5 MINUTOS
COZIMENTO: 1H30

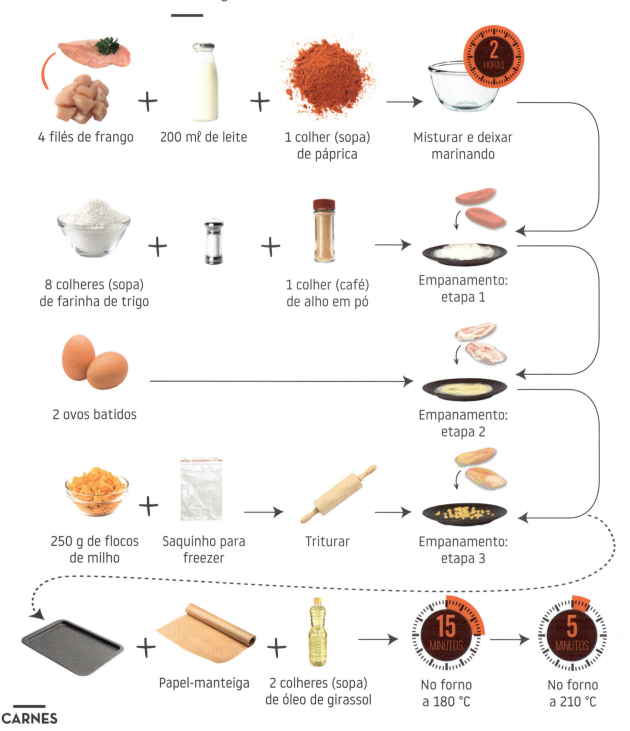

SERVE 4 PESSOAS
PREPARO: 15 MINUTOS
MARINADA: 2 HORAS
COZIMENTO: 20 MINUTOS

SERVE 8 PESSOAS
PREPARO: 15 MINUTOS
RESERVAR: 12 HORAS
COZIMENTO: 45 MINUTOS

59 CURRY VERMELHO
de frango com leite de coco

CARNES

SERVE 8 PESSOAS
PREPARO: 15 MINUTOS
COZIMENTO: 15 MINUTOS

60 WRAPS DE FRANGO
com especiarias

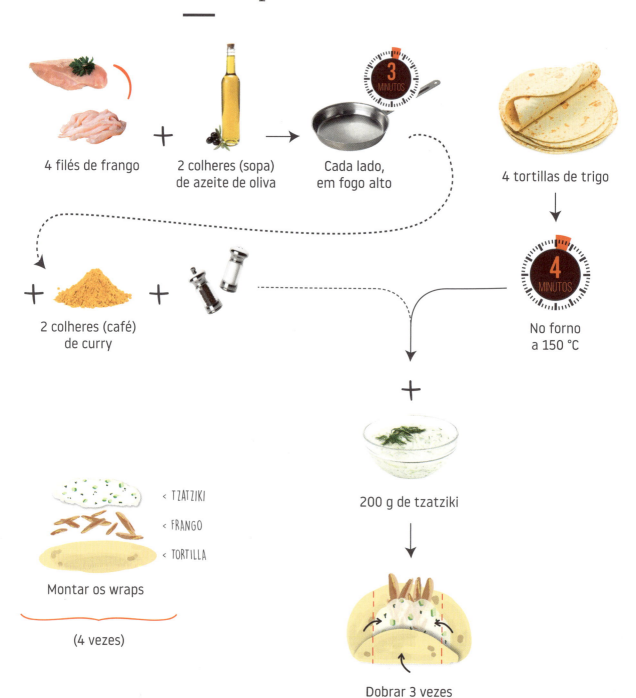

CARNES

61 TAGINE DE FRANGO
com tâmaras

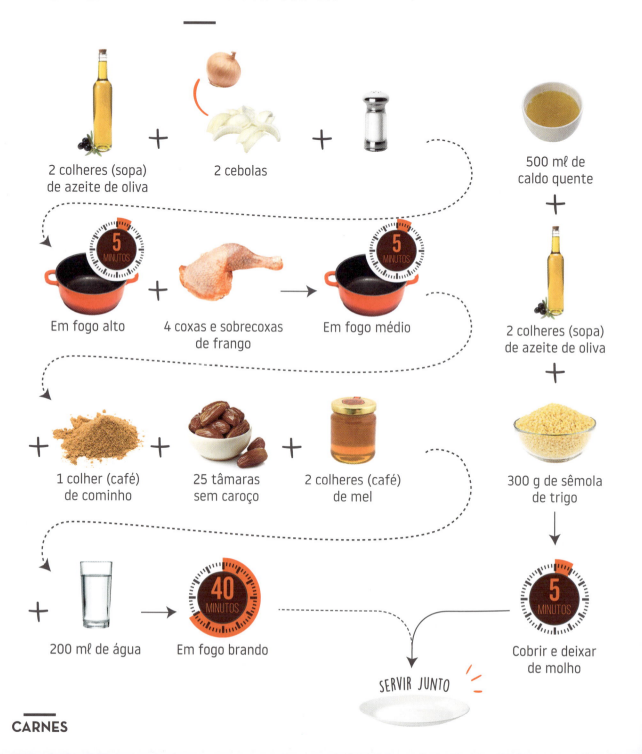

CARNES

SERVE 4 PESSOAS
PREPARO: 15 MINUTOS
COZIMENTO: 50 MINUTOS

62 FRANGO
basco

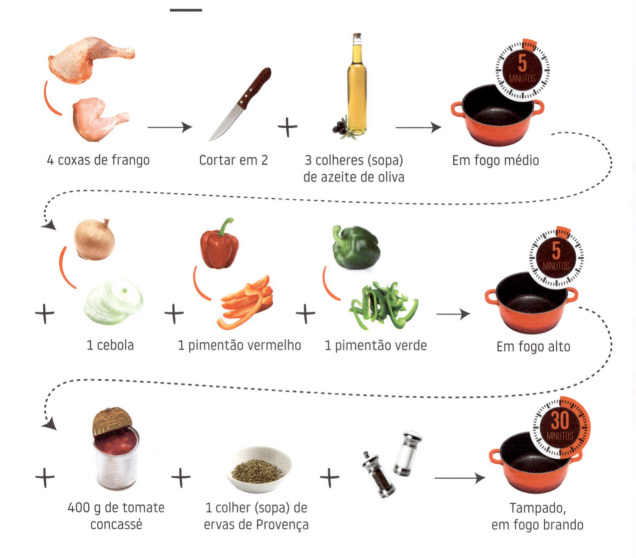

CARNES

SERVE 4 PESSOAS
PREPARO: 10 MINUTOS
COZIMENTO: 40 MINUTOS

63 ESPETINHOS
de frango tandoori

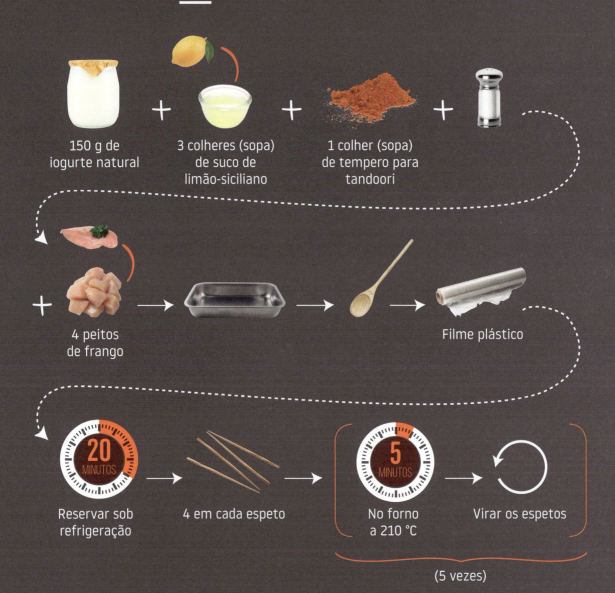

CARNES

SERVE 4 PESSOAS
PREPARO: 10 MINUTOS
MARINADA: 20 MINUTOS
COZIMENTO: 25 MINUTOS

64 SALADA DE PERU
com frutas secas

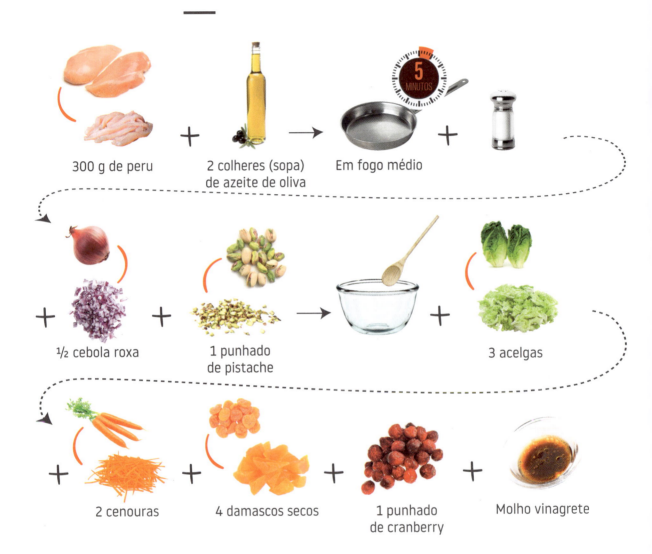

300 g de peru + 2 colheres (sopa) de azeite de oliva → Em fogo médio + (sal e pimenta)

+ ½ cebola roxa + 1 punhado de pistache → + 3 acelgas

+ 2 cenouras + 4 damascos secos + 1 punhado de cranberry + Molho vinagrete

5 minutos

CARNES

SERVE 4 PESSOAS
PREPARO: 15 MINUTOS
COZIMENTO: 5 MINUTOS

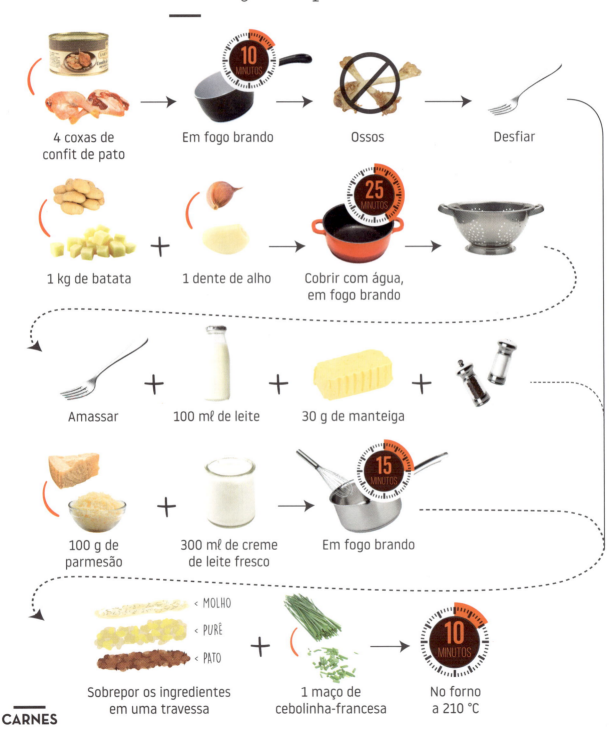

SERVE 6 PESSOAS
PREPARO: 20 MINUTOS
COZIMENTO: 35 MINUTOS

66 CAÇAROLA DE PATO
com laranja e mel

CARNES

SERVE 4 PESSOAS
PREPARO: 15 MINUTOS
COZIMENTO: 40 MINUTOS

67 CURRY VERMELHO
de pato

CARNES

68 SALADA DE SALMÃO
com frutas cítricas

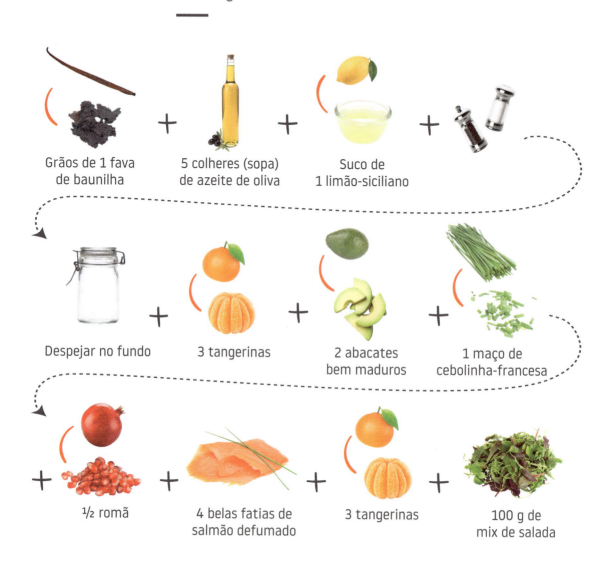

Grãos de 1 fava de baunilha + 5 colheres (sopa) de azeite de oliva + Suco de 1 limão-siciliano +

Despejar no fundo + 3 tangerinas + 2 abacates bem maduros + 1 maço de cebolinha-francesa

+ ½ romã + 4 belas fatias de salmão defumado + 3 tangerinas + 100 g de mix de salada

PESCADOS

SERVE 4 PESSOAS
PREPARO: 20 MINUTOS

69 RAVIÓLI DE PEIXE
branco e cebolinha

PESCADOS

RENDE 20 RAVIÓLIS
PREPARO: 30 MINUTOS
COZIMENTO: 5 MINUTOS

71 SALADA
poke bowl

300 g de arroz para sushi cozido + 1 colher (sopa) de grãos de gergelim preto e branco →

3 postas de salmão + 4 talos de cebolinha + 4 colheres (sopa) de molho de soja

+ 2 colheres (sopa) de óleo de gergelim → Reservar 30 minutos + 1 pepino

+ ½ repolho chinês + 2 abacates

+ 1 colher (sopa) de grãos de gergelim preto e branco

PESCADOS

72 BLANQUETTE
de salmão com alho-poró

PESCADOS

SERVE 4 PESSOAS
PREPARO: 10 MINUTOS
COZIMENTO: 15 MINUTOS

73 ROTELLE
com salmão

PESCADOS

SERVE 4 PESSOAS
PREPARO: 15 MINUTOS
COZIMENTO: 11 MINUTOS

74 PIZZA BRANCA
de salmão defumado

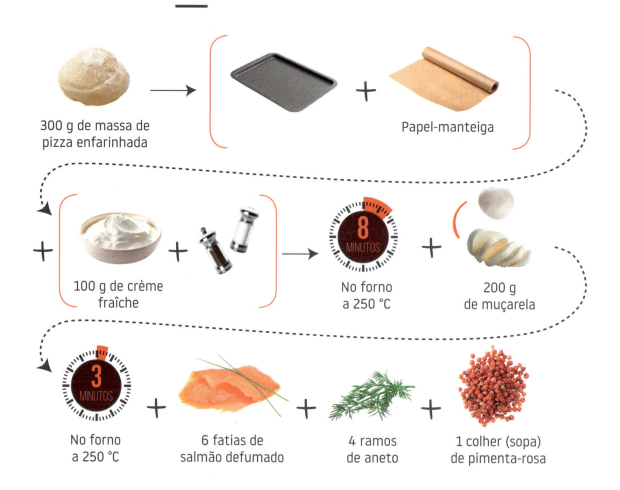

PESCADOS

SERVE 8 PESSOAS
PREPARO: 40 MINUTOS
COZIMENTO: 11 MINUTOS

75 TAGINE
de salmão

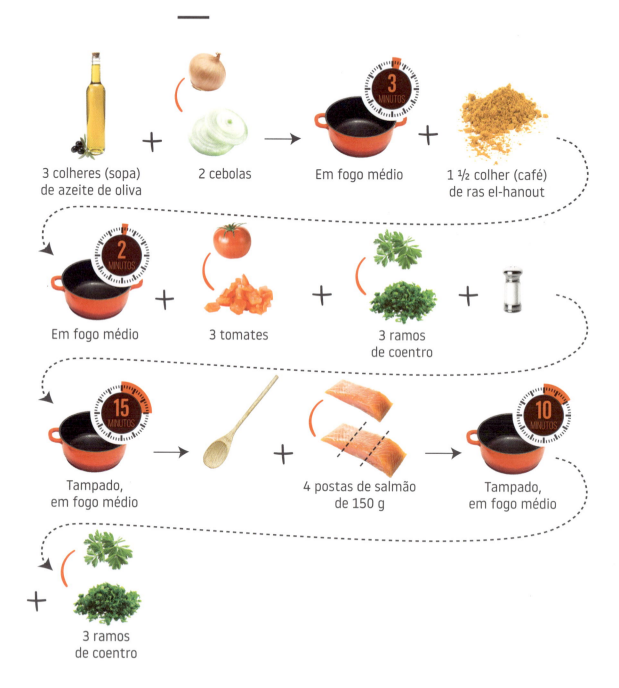

PESCADOS

SERVE 4 PESSOAS
PREPARO: 10 MINUTOS
COZIMENTO: 30 MINUTOS

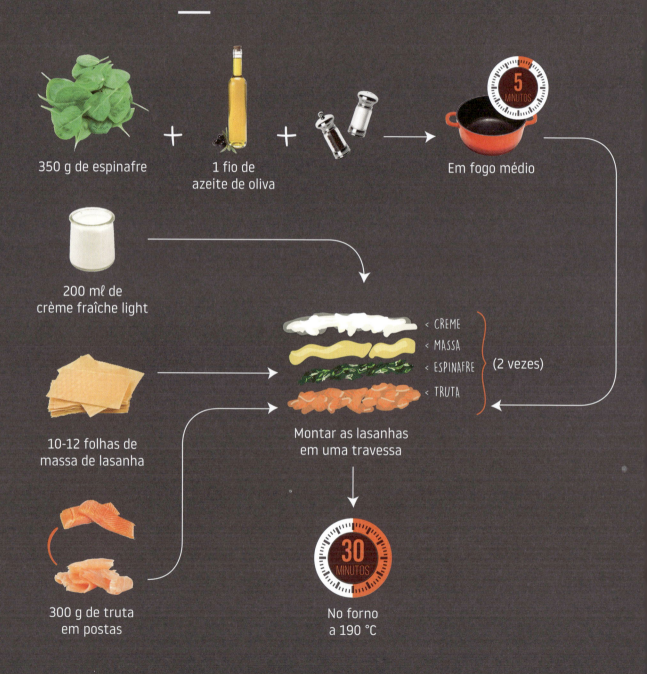

SERVE 4 PESSOAS
PREPARO: 25 MINUTOS
COZIMENTO: 35 MINUTOS

77 ATUM SEMICRU
com gergelim e vagem

PESCADOS

SERVE 4 PESSOAS
PREPARO: 15 MINUTOS
MARINADA: 20 MINUTOS
COZIMENTO: 12 MINUTOS

78 PEIXE COZIDO
com especiarias suaves

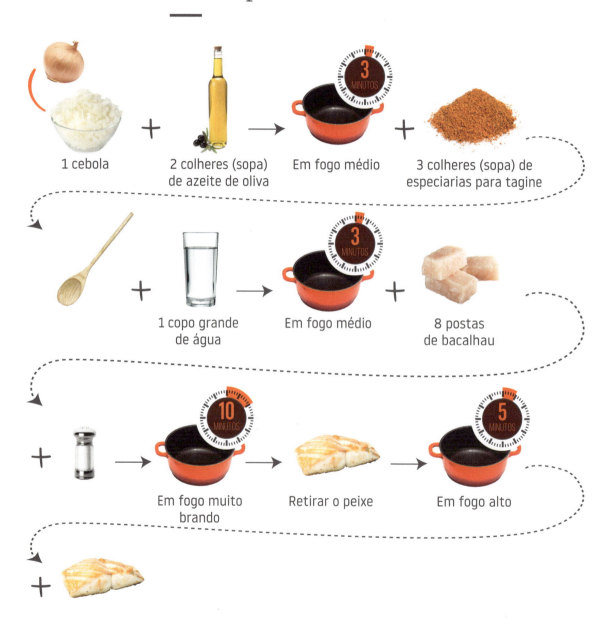

- 1 cebola
- 2 colheres (sopa) de azeite de oliva
- Em fogo médio (3 minutos)
- 3 colheres (sopa) de especiarias para tagine
- 1 copo grande de água
- Em fogo médio (3 minutos)
- 8 postas de bacalhau
- Em fogo muito brando (10 minutos)
- Retirar o peixe
- Em fogo alto (5 minutos)

PESCADOS

SERVE 8 PESSOAS
PREPARO: 15 MINUTOS
COZIMENTO: 21 MINUTOS

79 BRANDADE
de bacalhau

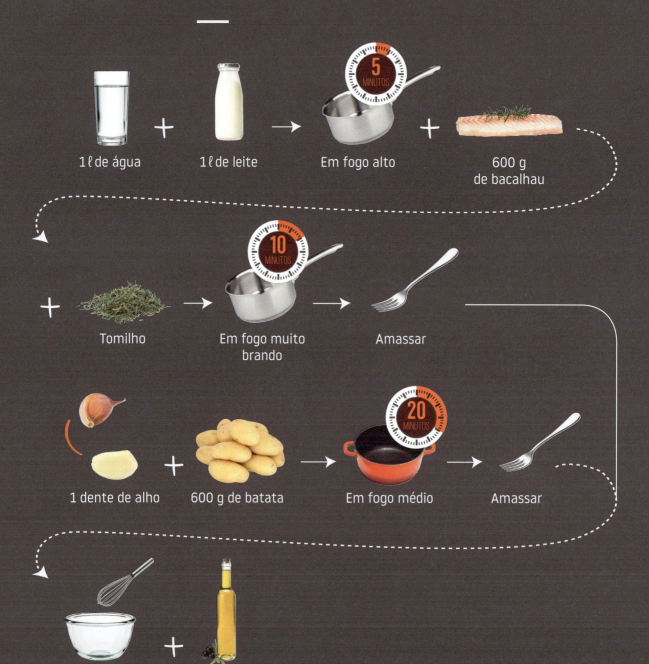

SERVE 8 PESSOAS
PREPARO: 15 MINUTOS
COZIMENTO: 20 MINUTOS

80 FISH AND CHIPS
revisitados

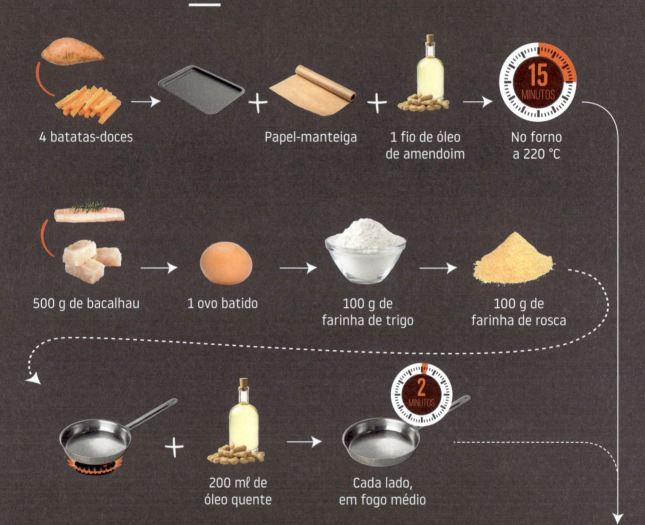

PESCADOS

SERVE 4 PESSOAS
PREPARO: 15 MINUTOS
COZIMENTO: 15 MINUTOS

81 CURRY DE BACALHAU
com garam masala

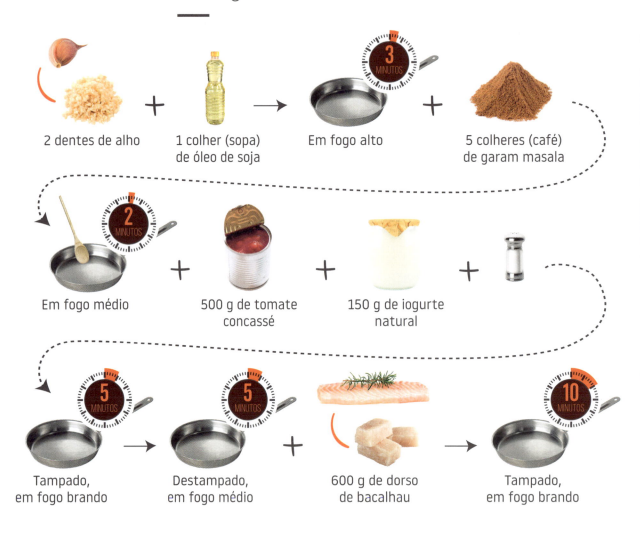

2 dentes de alho + 1 colher (sopa) de óleo de soja → Em fogo alto (3 minutos) + 5 colheres (café) de garam masala

Em fogo médio (2 minutos) + 500 g de tomate concassé + 150 g de iogurte natural + sal

Tampado, em fogo brando (5 minutos) → Destampado, em fogo médio (5 minutos) + 600 g de dorso de bacalhau → Tampado, em fogo brando (10 minutos)

PESCADOS

SERVE 4 PESSOAS
PREPARO: 10 MINUTOS
COZIMENTO: 25 MINUTOS

82 BACALHAU POCHÉ
com espinafre e leite de coco

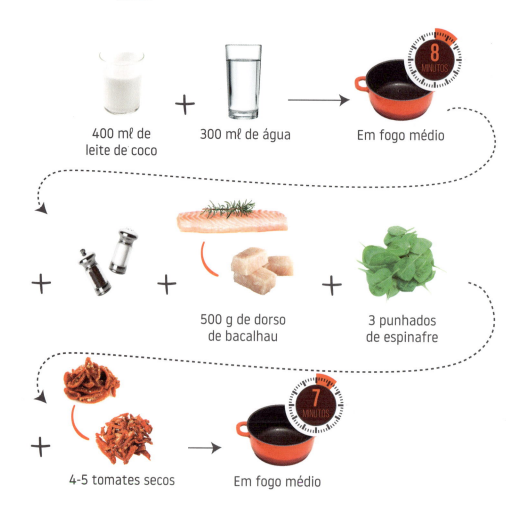

PESCADOS

SERVE 4 PESSOAS
PREPARO: 10 MINUTOS
COZIMENTO: 15 MINUTOS

83 TROUXINHAS DE SAITHE
com frutas cítricas

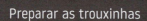

PESCADOS

SERVE 4 PESSOAS
PREPARO: 10 MINUTOS
COZIMENTO: 15 MINUTOS

84 CEVICHE
de saithe

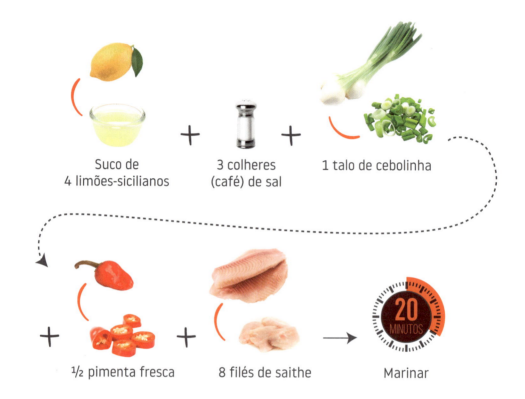

PESCADOS

SERVE 8 PESSOAS
PREPARO: 15 MINUTOS
MARINADA: 20 MINUTOS

85

DORSO DE SAITHE
empanado em grãos

6 colheres (café) de mix de grãos (semente de linho, semente de abóbora, gergelim...)

\+ 100 g de farinha de amêndoas

\+ Bater

500 g de dorso de saithe → Papel-manteiga +

20 MINUTOS
No forno a 190 °C

PESCADOS

SERVE 4 PESSOAS
PREPARO: 15 MINUTOS
COZIMENTO: 10 MINUTOS

87 CAÇAROLA DE TAMBORIL,
batata e presunto

1 kg de batata + 500 g de filé de tamboril + 1 presunto cru

Sobrepor os ingredientes em uma caçarola
< SAL E PIMENTA
< PRESUNTO
< TAMBORIL
< BATATA

+ 1 copo d'água + 1 taça de vinho branco → 35 MINUTOS Tampado, no forno a 250 °C

PESCADOS

SERVE 8 PESSOAS
PREPARO: 15 MINUTOS
COZIMENTO: 35 MINUTOS

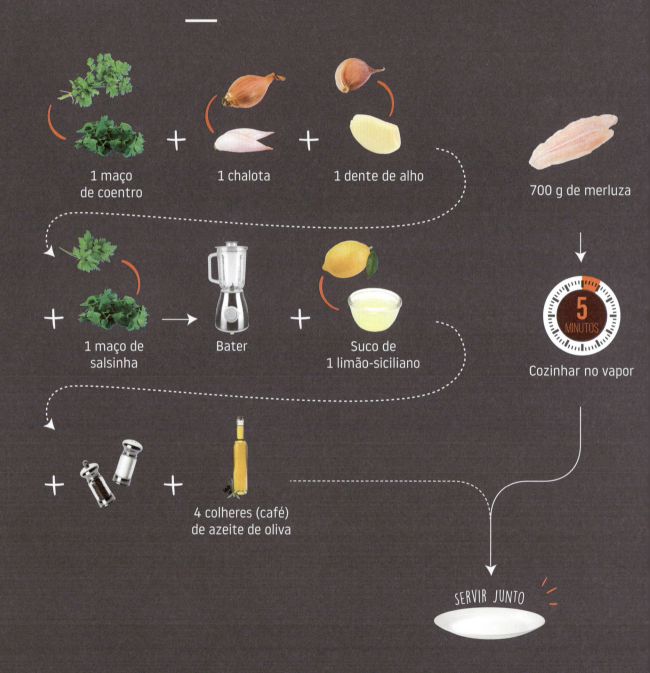

SERVE 4 PESSOAS
PREPARO: 10 MINUTOS
COZIMENTO: 5 MINUTOS

89 CELENTANI
com hadoque e limão

PESCADOS

SERVE 4 PESSOAS
PREPARO: 15 MINUTOS
COZIMENTO: 10 MINUTOS

90

CUSCUZ
de sargo

PESCADOS

91 SARGO
e tomate-cereja com macarrão ao ragu

PESCADOS

SERVE 4 PESSOAS
PREPARO: 15 MINUTOS
COZIMENTO: 15 MINUTOS

92 TORTA DE MERLUZA
com cenoura

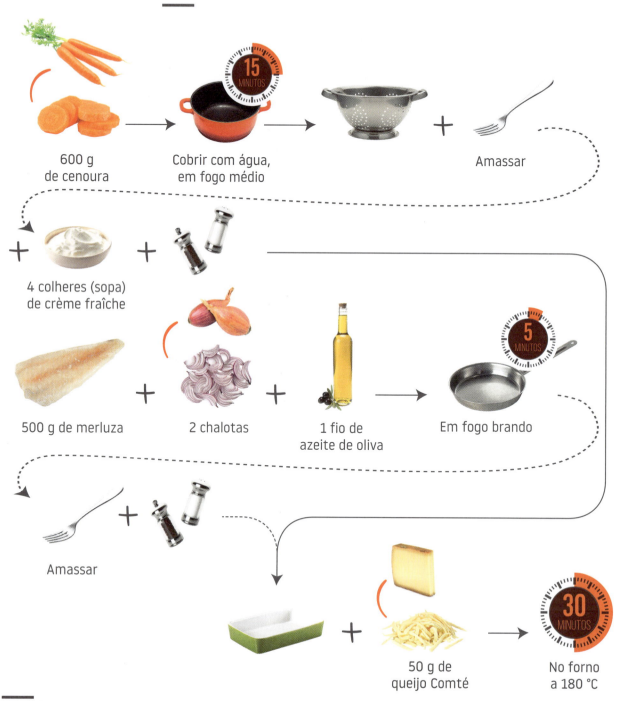

PESCADOS

SERVE 4 PESSOAS
PREPARO: 15 MINUTOS
COZIMENTO: 19 MINUTOS

94 ANCHOVAS
com tomate-cereja, alho e orégano

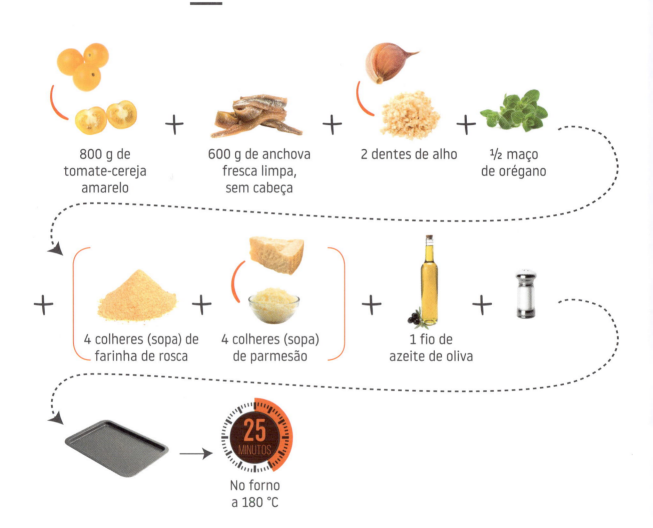

PESCADOS

SERVE 4 PESSOAS
PREPARO: 20 MINUTOS
COZIMENTO: 25 MINUTOS

95 PAPPARDELLE
de sardinha

PESCADOS

96 ROLINHOS
de sardinha

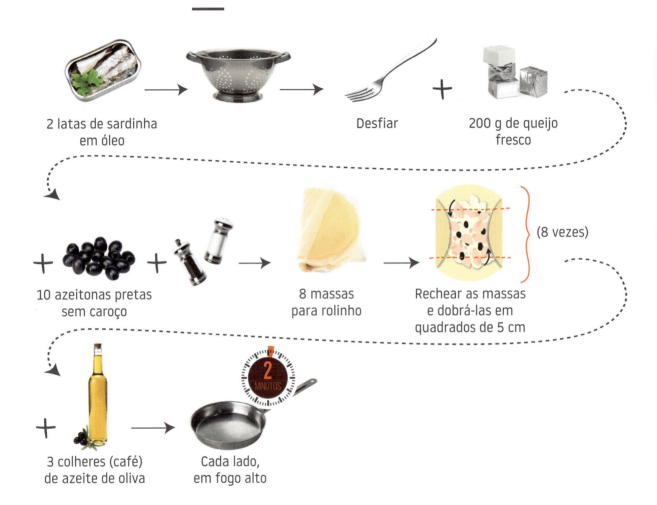

2 latas de sardinha em óleo → Desfiar + 200 g de queijo fresco

+ 10 azeitonas pretas sem caroço + (pimenta) → 8 massas para rolinho → Rechear as massas e dobrá-las em quadrados de 5 cm (8 vezes)

+ 3 colheres (café) de azeite de oliva → Cada lado, em fogo alto (2 minutos)

PESCADOS

97 SALADA
bo bun

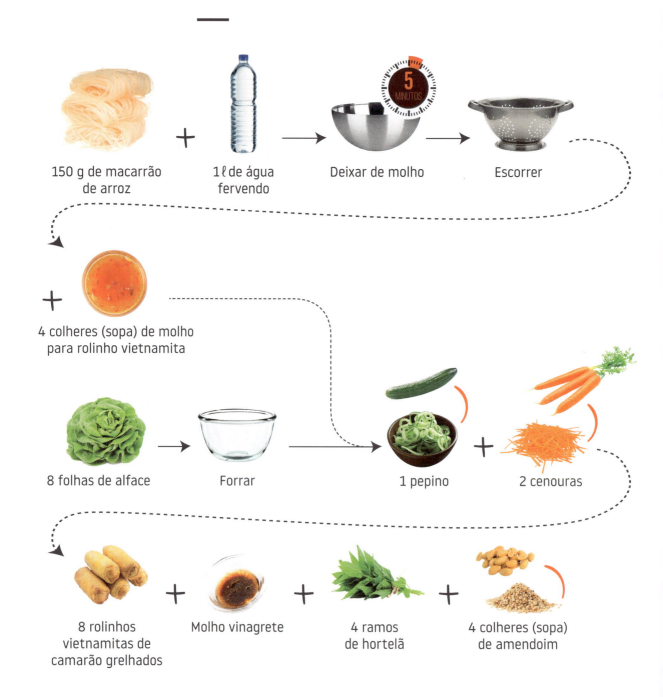

PESCADOS

SERVE 4 PESSOAS
PREPARO: 15 MINUTOS
RESERVAR: 5 MINUTOS

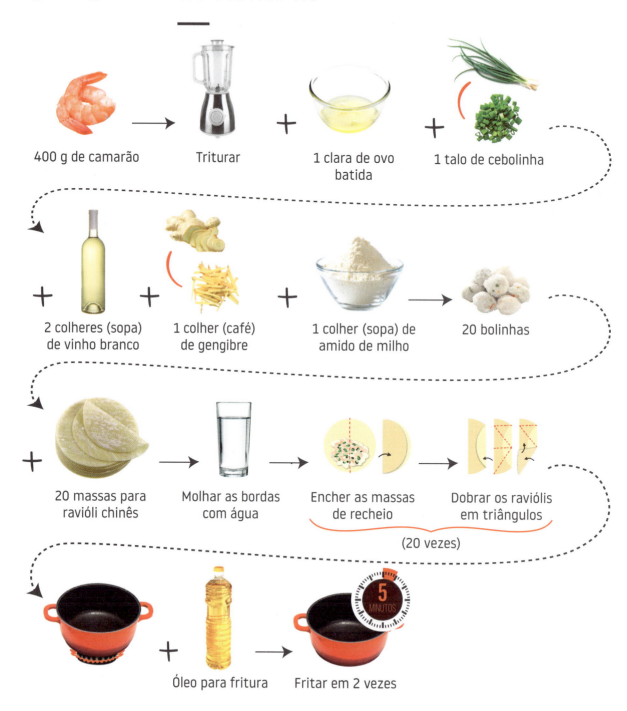

SERVE 4 PESSOAS
PREPARO: 25 MINUTOS
COZIMENTO: 10 MINUTOS

99 ARROZ COM CAMARÃO
e ervilha

½ cebola + 20 g de manteiga → Em fogo médio + 250 g de arroz (3 minutos)

Em fogo médio + 450 mℓ de caldo + 200 g de ervilha → Tampado, em fogo brando (20 minutos) (3 minutos)

300 g de camarão cru congelado → 2 colheres (sopa) de azeite de oliva + Cada lado, em fogo alto (2 minutos)

SERVIR JUNTO

PESCADOS

SERVE 4 PESSOAS
PREPARO: 15 MINUTOS
COZIMENTO: 28 MINUTOS

100 TAGINE DE CAMARÃO
com harissa

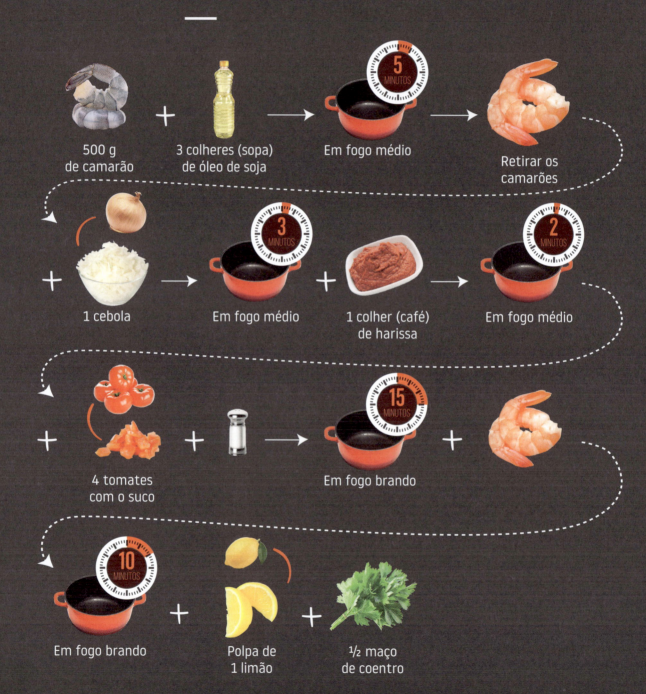

PESCADOS

101 ONE POT PASTA
com camarão e açafrão

1 dente de alho + 250 g de camarão cru + 1 pitada de fios de açafrão + 350 g de tomate concassé + sal + 250 g de espaguete + 600 mℓ de água → Em fogo médio, 12 minutos

PESCADOS

102 BATATAS
com camarão e espinafre

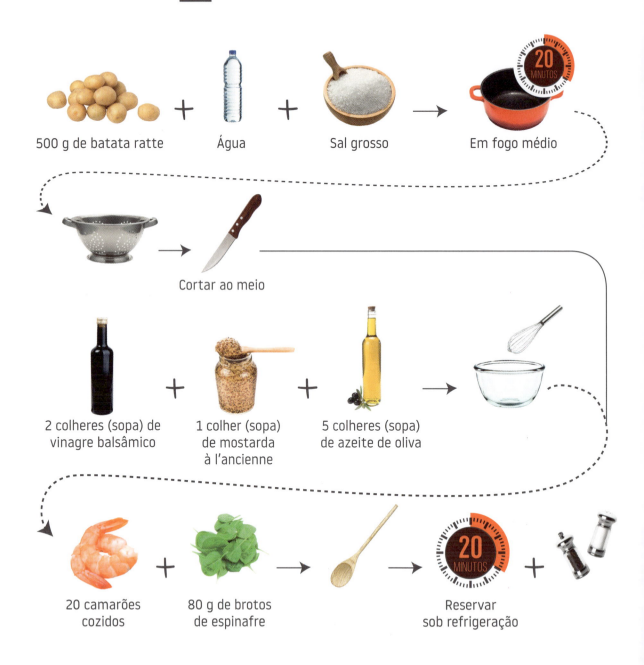

PESCADOS

SERVE 4 PESSOAS
PREPARO: 10 MINUTOS
COZIMENTO: 20 MINUTOS
REFRIGERAÇÃO: 20 MINUTOS

103 MACARRÃO COM SIRI,
creme de leite e cebolinha-francesa

300 mℓ de creme de leite líquido

120 g de carne de siri

Em fogo médio — 12 MINUTOS

400 g de mezzi tubetti rigati

4 MINUTOS

Cobrir com água, em fogo médio

1 maço de cebolinha-francesa

PESCADOS

SERVE 4 PESSOAS
PREPARO: 15 MINUTOS
COZIMENTO: 12 MINUTOS

104 TROUXINHAS
de vieira com alho-poró

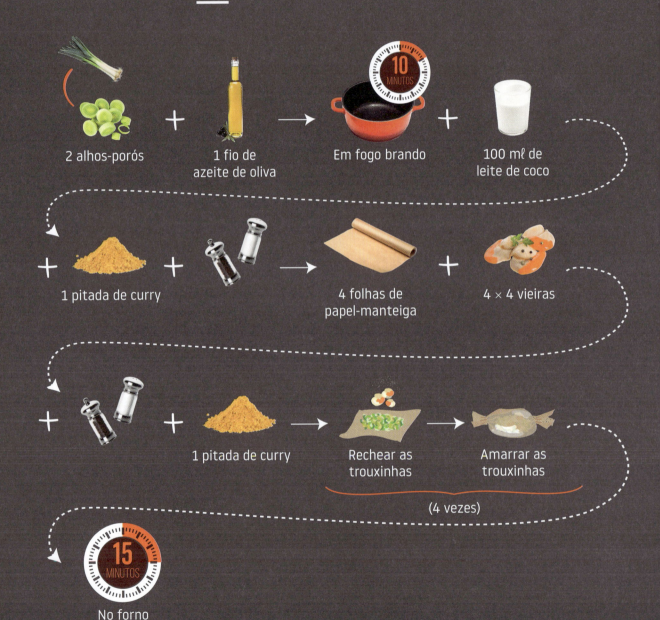

2 alhos-porós + 1 fio de azeite de oliva → Em fogo brando (10 MINUTOS) + 100 ml de leite de coco

+ 1 pitada de curry + (sal e pimenta) → 4 folhas de papel-manteiga + 4 × 4 vieiras

+ (sal e pimenta) + 1 pitada de curry → Rechear as trouxinhas → Amarrar as trouxinhas (4 vezes)

No forno a 200 °C (15 MINUTOS)

PESCADOS

SERVE 4 PESSOAS
PREPARO: 20 MINUTOS
COZIMENTO: 25 MINUTOS

105 VIEIRAS COM CURRY
e leite de coco

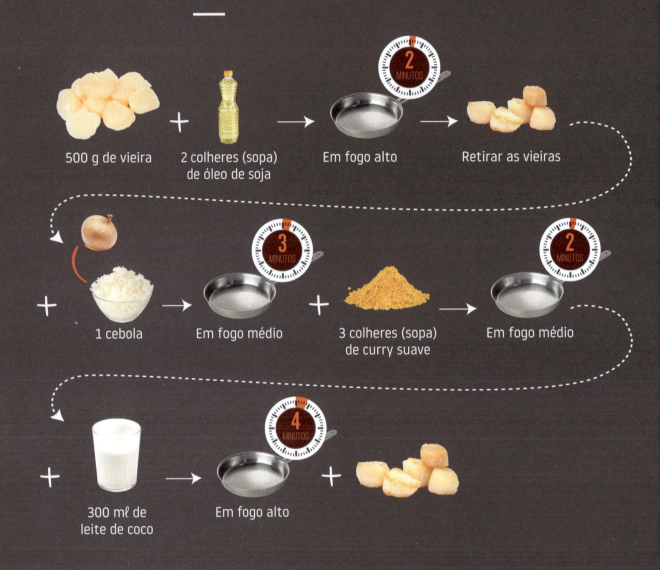

- 500 g de vieira
- 2 colheres (sopa) de óleo de soja
- Em fogo alto — 2 minutos
- Retirar as vieiras
- 1 cebola
- Em fogo médio — 3 minutos
- 3 colheres (sopa) de curry suave
- Em fogo médio — 2 minutos
- 300 mℓ de leite de coco
- Em fogo alto — 4 minutos
- (adicionar as vieiras)

PESCADOS

106 PENNE DE TRIGO-SARRACENO
com mexilhões e hortelã

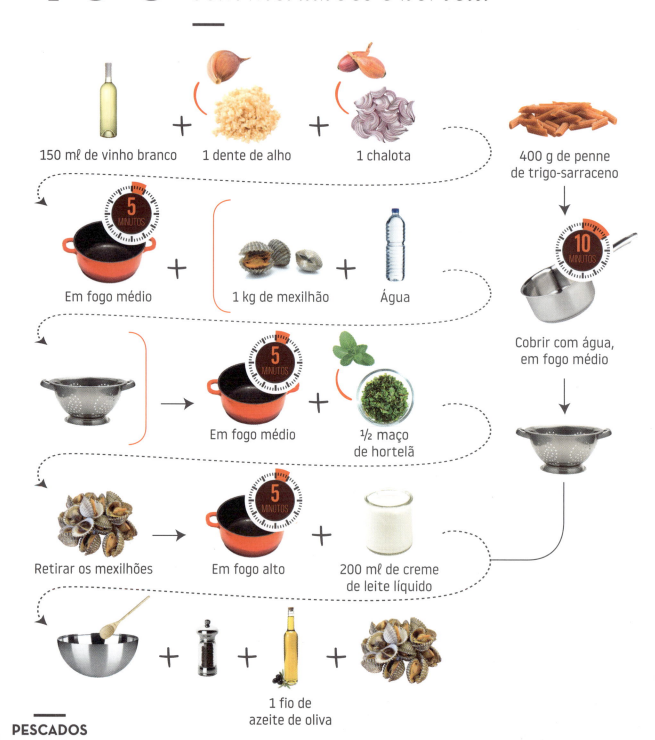

- 150 mℓ de vinho branco
- 1 dente de alho
- 1 chalota
- 400 g de penne de trigo-sarraceno
- Em fogo médio (5 minutos)
- 1 kg de mexilhão
- Água
- Cobrir com água, em fogo médio (10 minutos)
- Em fogo médio (5 minutos)
- ½ maço de hortelã
- Retirar os mexilhões
- Em fogo alto (5 minutos)
- 200 mℓ de creme de leite líquido
- 1 fio de azeite de oliva

PESCADOS

SERVE 4 PESSOAS
PREPARO: 15 MINUTOS
COZIMENTO: 15 MINUTOS

107 ESPAGUETE DE TINTA DE LULA
com mexilhões

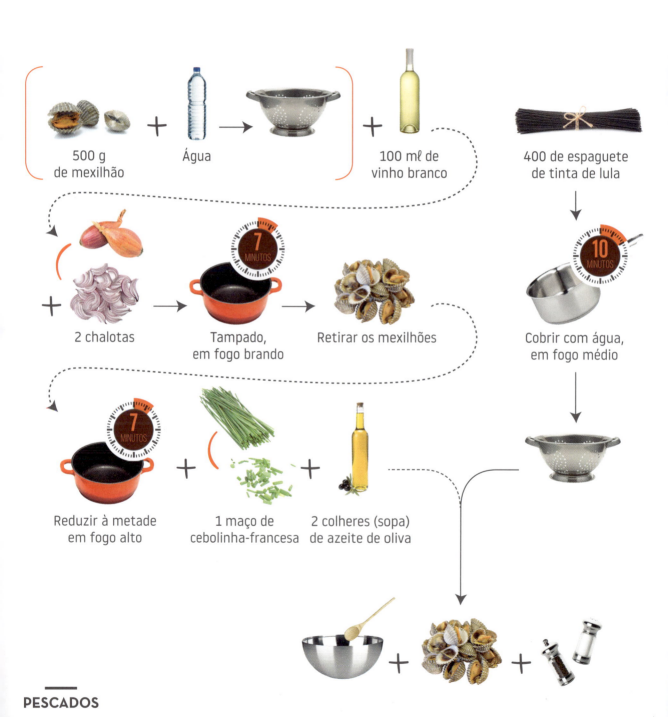

PESCADOS

SERVE 4 PESSOAS
PREPARO: 15 MINUTOS
COZIMENTO: 14 MINUTOS

108 MEXILHÕES EXPRESSOS
com leite de coco e limão

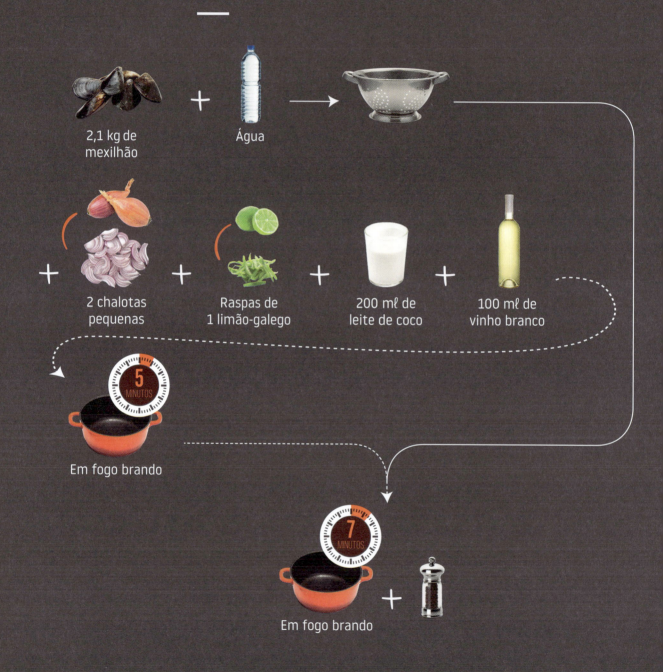

PESCADOS

SERVE 4 PESSOAS
PREPARO: 15 MINUTOS
COZIMENTO: 12 MINUTOS

109 ESPAGUETE
com mexilhões

PESCADOS

110 CALDEIRADA DE MEXILHÕES
com curry

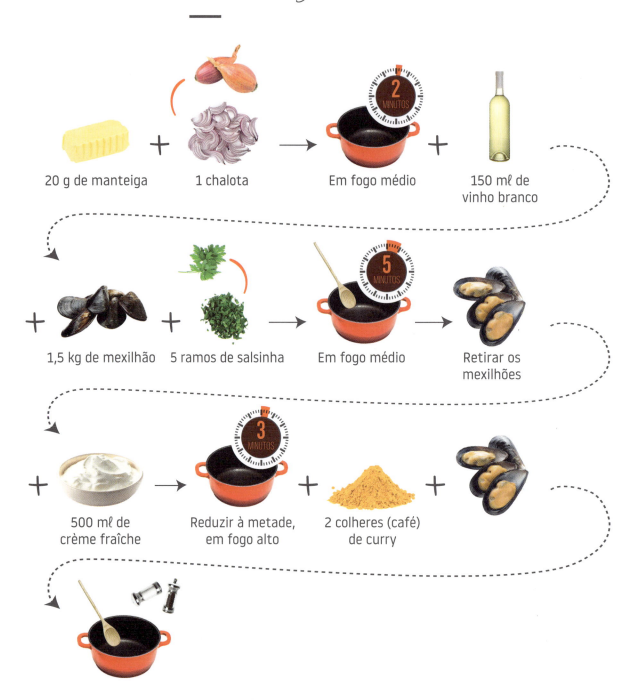

- 20 g de manteiga
- 1 chalota
- Em fogo médio (2 minutos)
- 150 mℓ de vinho branco
- 1,5 kg de mexilhão
- 5 ramos de salsinha
- Em fogo médio (5 minutos)
- Retirar os mexilhões
- 500 mℓ de crème fraîche
- Reduzir à metade, em fogo alto (3 minutos)
- 2 colheres (café) de curry

PESCADOS

SERVE 4 PESSOAS
PREPARO: 15 MINUTOS
COZIMENTO: 10 MINUTOS

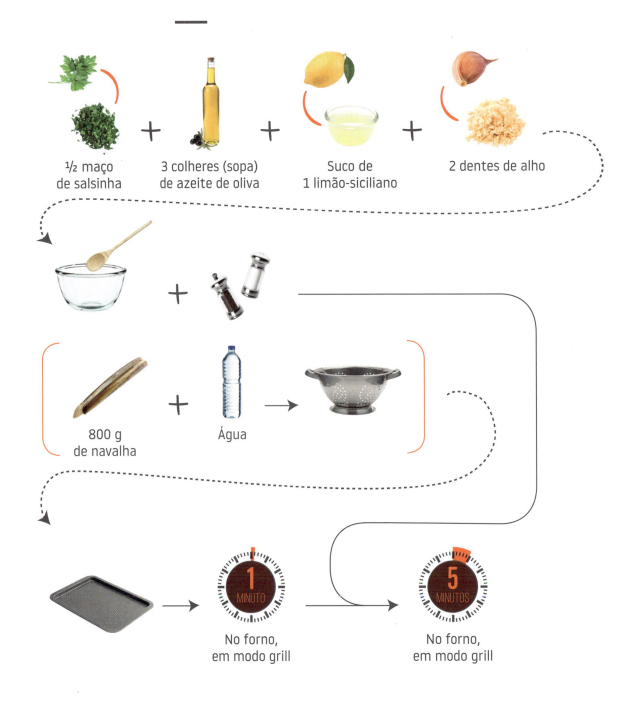

112 LULA
ao molho de conhaque

- 1 cebola + 2 dentes de alho + 1 colher (sopa) de azeite de oliva → Em fogo alto, 5 minutos
- + 400 g de tomate concassé + 1 copo d'água + [sal e pimenta] → Em fogo médio, 5 minutos
- + 1 colher (sopa) de azeite de oliva + 800 g de lula cortada em anéis → Em fogo alto, 5 minutos + 50 mℓ de conhaque
- Flambar fora do fogo
- Em fogo médio, 30 minutos + 5 ramos de salsinha

PESCADOS

113 LULA FRITA
com cebola e alcachofra

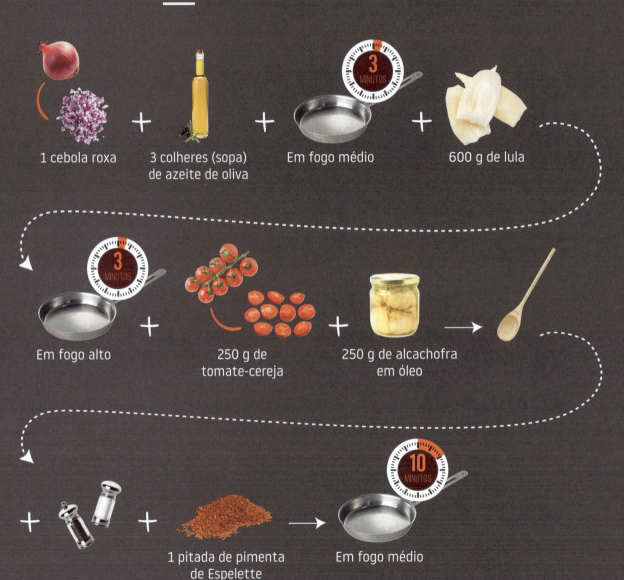

1 cebola roxa + 3 colheres (sopa) de azeite de oliva + Em fogo médio (3 minutos) + 600 g de lula

Em fogo alto (3 minutos) + 250 g de tomate-cereja + 250 g de alcachofra em óleo

+ (sal e pimenta) + 1 pitada de pimenta de Espelette → Em fogo médio (10 minutos)

PESCADOS

SERVE 4 PESSOAS
PREPARO: 15 MINUTOS
COZIMENTO: 16 MINUTOS

114 GRATINADO DE ALHO-PORÓ
com queijo emmental

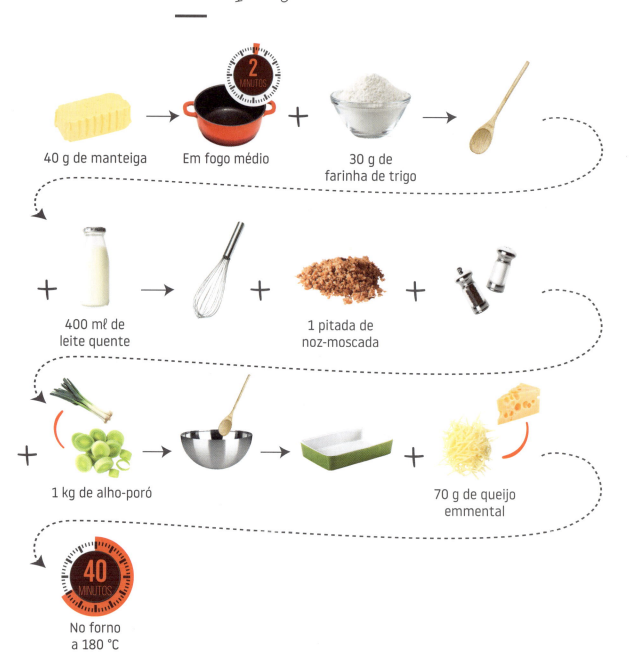

40 g de manteiga → Em fogo médio (2 minutos) + 30 g de farinha de trigo →

+ 400 ml de leite quente → + 1 pitada de noz-moscada +

+ 1 kg de alho-poró → → + 70 g de queijo emmental

No forno a 180 °C (40 minutos)

VEGETAIS

115 GRATINADO
de batata

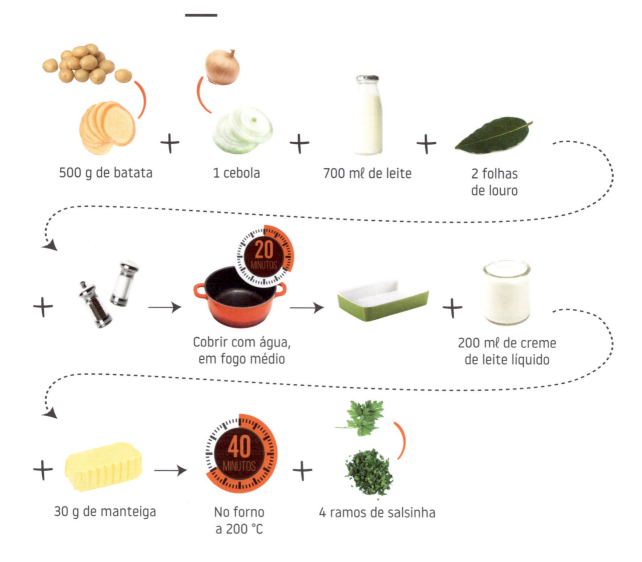

500 g de batata + 1 cebola + 700 ml de leite + 2 folhas de louro + [pimenta e sal] → Cobrir com água, em fogo médio (20 minutos) → + 200 ml de creme de leite líquido + 30 g de manteiga → No forno a 200 °C (40 minutos) + 4 ramos de salsinha

VEGETAIS

SERVE 4 PESSOAS
PREPARO: 20 MINUTOS
COZIMENTO: 1 HORA

116 GRATINADO DE ABÓBORA
com trigo-sarraceno e muçarela

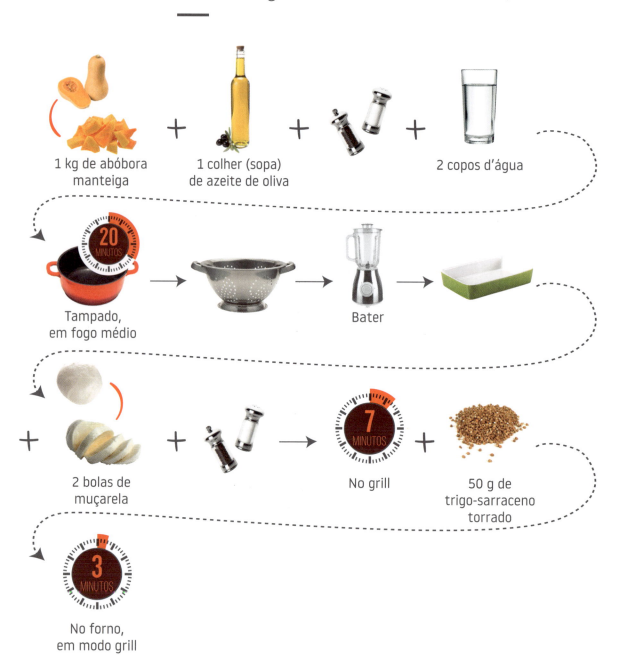

VEGETAIS

SERVE 4 PESSOAS
PREPARO: 15 MINUTOS
COZIMENTO: 30 MINUTOS

117 GRATINADO DE PIMENTÃO
e abobrinha com queijo feta

VEGETAIS

SERVE 4 PESSOAS
PREPARO: 10 MINUTOS
COZIMENTO: 40 MINUTOS

118 CLAFOUTIS
de tomate-cereja

VEGETAIS

119 PÃO DE PIMENTÃO,
queijo brie e manjericão

- 200 g de farinha de trigo
- 1 colher (sopa) de fermento químico
- 4 ovos
- 200 mℓ de leite de soja
- 5 colheres (sopa) de azeite de oliva
- 1 pimentão vermelho
- 150 g de queijo brie
- 6 ramos de manjericão
- 1 colher (sopa) de orégano seco
- Papel-manteiga
- No forno a 210 °C
- 40 minutos

VEGETAIS

120 TORTA DE FAVAS
e gorgonzola

1 massa podre → (forma) → Perfurar → No forno a 180 °C — 12 MINUTOS

200 g de favas descascadas → Cobrir com água, em fogo alto — 6 MINUTOS → (escorrer)

300 mℓ de leite + 100 mℓ de creme de leite líquido + 130 g de gorgonzola + (bowl)

No forno a 180 °C — 30 MINUTOS

VEGETAIS

SERVE 4 PESSOAS
PREPARO: 15 MINUTOS
COZIMENTO: 42 MINUTOS

121

TORTA FRIA
de cream cheese

VEGETAIS

SERVE 4 PESSOAS
PREPARO: 30 MINUTOS
COZIMENTO: 20 MINUTOS

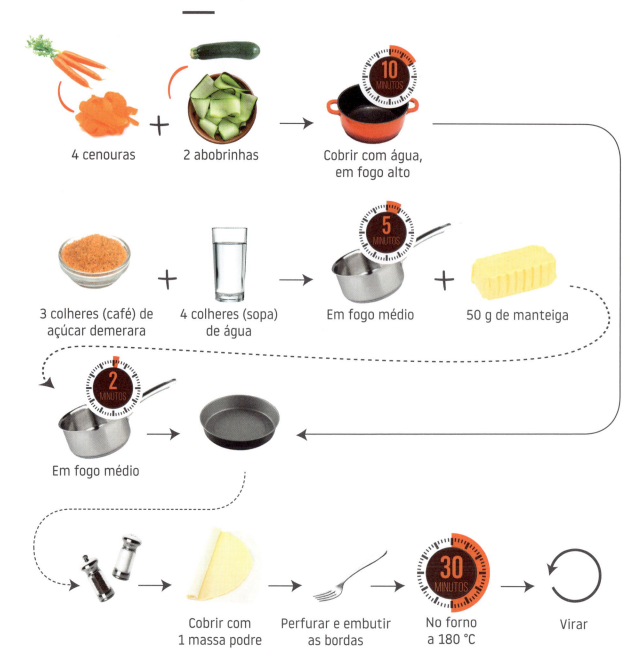

SERVE 6 PESSOAS
PREPARO: 15 MINUTOS
COZIMENTO: 40 MINUTOS

123 PIZZA DE ALCACHOFRA
em conserva, figo e queijo scamorza

VEGETAIS

SERVE 4 PESSOAS
PREPARO: 15 MINUTOS
COZIMENTO: 11 MINUTOS

124 PIZZA BRANCA
de muçarela e sálvia

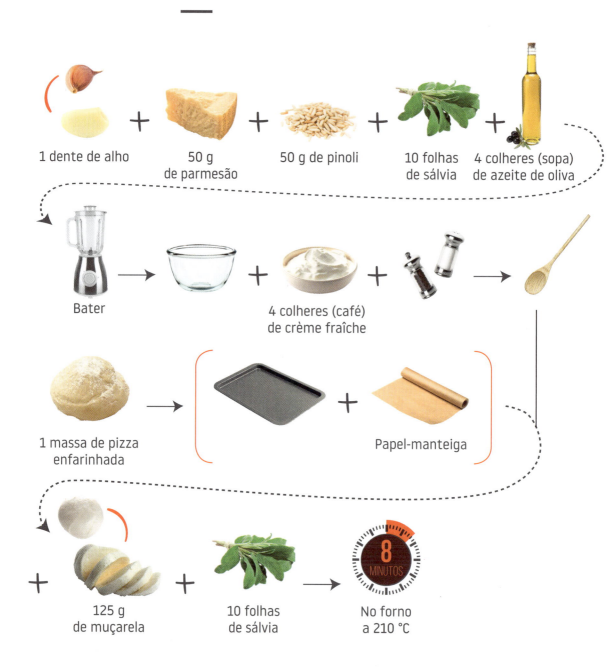

VEGETAIS

SERVE 4 PESSOAS
PREPARO: 10 MINUTOS
COZIMENTO: 8 MINUTOS

125 MAC & CHEESE
americano

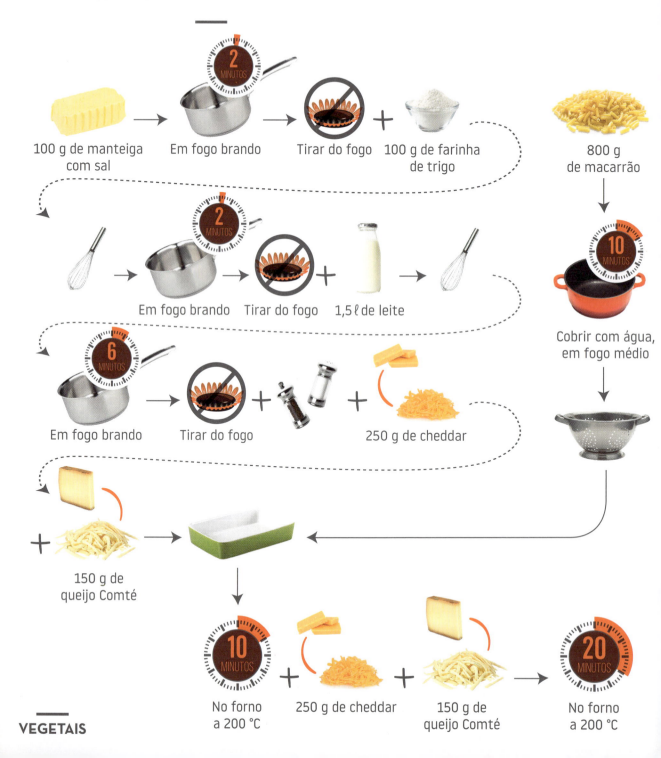

VEGETAIS

SERVE 4 PESSOAS
PREPARO: 10 MINUTOS
COZIMENTO: 40 MINUTOS

SERVE 4 PESSOAS
PREPARO: 15 MINUTOS
COZIMENTO: 45 MINUTOS

127 NHOQUE FRITO
primaveril

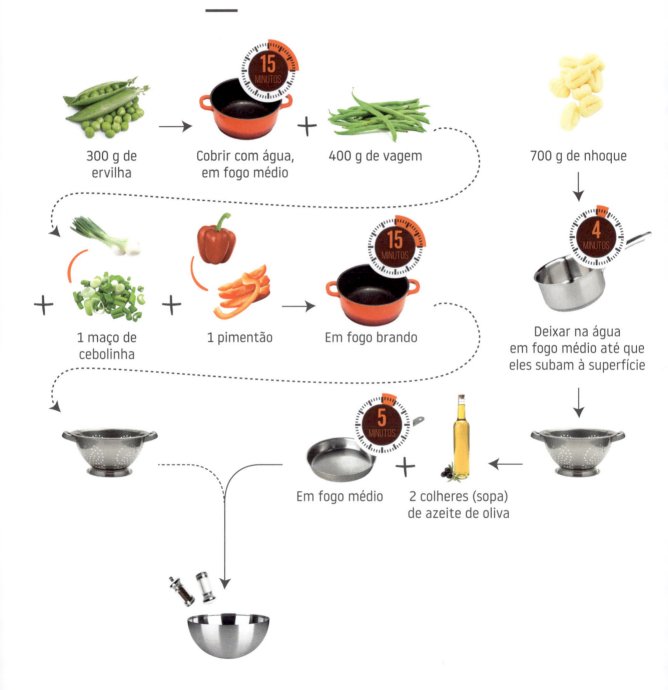

VEGETAIS

SERVE 4 PESSOAS
PREPARO: 10 MINUTOS
COZIMENTO: 10 MINUTOS

129 LASANHA
de abobrinha

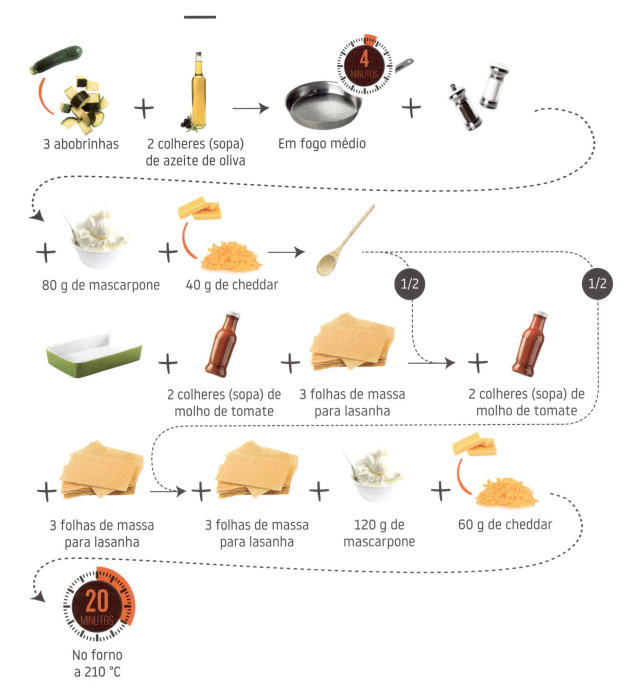

VEGETAIS

130 CANNELLONI
de ricota e espinafre

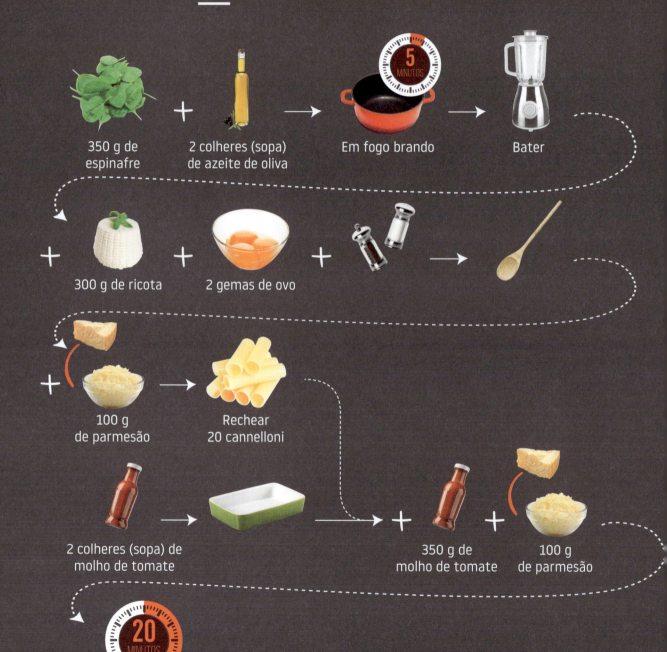

- 350 g de espinafre
- 2 colheres (sopa) de azeite de oliva
- Em fogo brando (5 minutos)
- Bater
- 300 g de ricota
- 2 gemas de ovo
- 100 g de parmesão
- Rechear 20 cannelloni
- 2 colheres (sopa) de molho de tomate
- 350 g de molho de tomate
- 100 g de parmesão
- No forno a 180 °C (20 minutos)

VEGETAIS

SERVE 6 PESSOAS
PREPARO: 15 MINUTOS
COZIMENTO: 25 MINUTOS

131 ONE POT PASTA
à putanesca

 250 g de tomate concassé
\+ 4 ramos de tomilho
\+  100 g de azeitona preta
\+ 2 colheres (sopa) de alcaparras

\+  1 cebola
\+  400 g de pipe rigate
\+ 
\+ 3 colheres (sopa) de azeite de oliva

\+  1 cubo de caldo →  Cobrir com água, em fogo médio

12 minutos

VEGETAIS

132 ONE POT PASTA
com legumes verdes

150 g de ervilha + 1 abobrinha + 1 brócolis + 1 cebola

+ 400 g de orecchiette + 2 colheres (sopa) de mascarpone + 1 colher (sopa) de azeite de oliva +

12 minutos

Cobrir com água, em fogo médio depois da fervura

VEGETAIS

SERVE 4 PESSOAS
PREPARO: 5 MINUTOS
COZIMENTO: 12 MINUTOS

133 TAGLIOLINI
com favas e muçarela de búfala

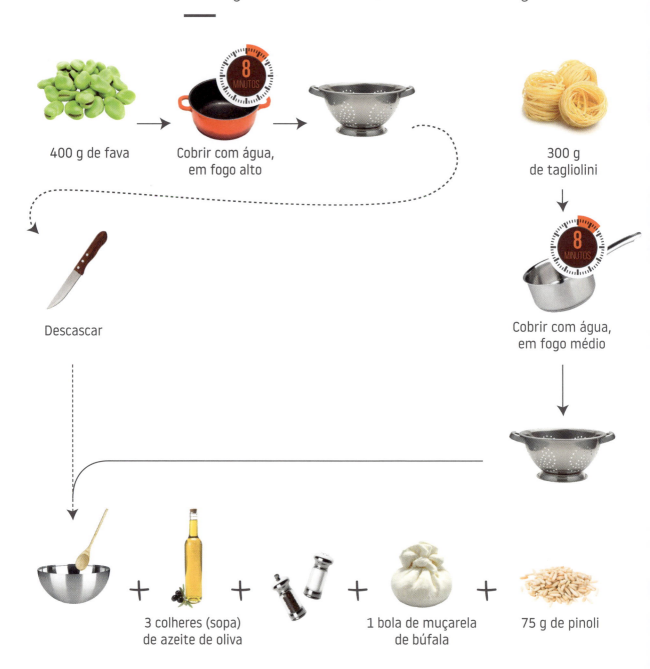

VEGETAIS

SERVE 4 PESSOAS
PREPARO: 15 MINUTOS
COZIMENTO: 8 MINUTOS

134 RISOTO
com pesto de rúcula

1 cebola + 3 colheres (sopa) de azeite de oliva → Em fogo brando (2 minutos) + 400 g de arroz arbóreo → Em fogo brando (2 minutos) + 250 ml de vinho branco → Em fogo brando (5 minutos) + 2 copos d'água → + sal e pimenta → Tampado, em fogo brando (15 minutos) + [300 g de rúcula + 75 g de pinoli + 2 dentes de alho + 150 g de parmesão + 100 ml de azeite de oliva] → Bater →

VEGETAIS

SERVE 4 PESSOAS
PREPARO: 10 MINUTOS
COZIMENTO: 24 MINUTOS

SERVE 4 PESSOAS
PREPARO: 10 MINUTOS
COZIMENTO: 31 MINUTOS

136 RISOTO
de abóbora

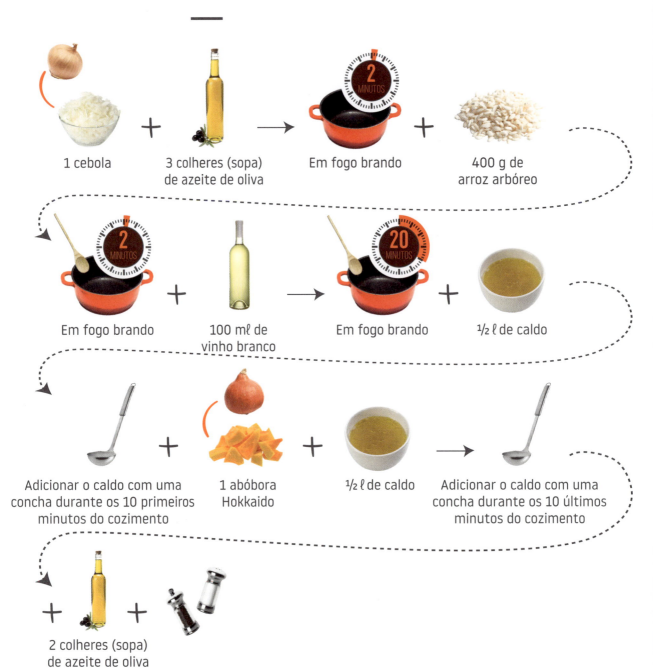

VEGETAIS

SERVE 4 PESSOAS
PREPARO: 15 MINUTOS
COZIMENTO: 24 MINUTOS

137 CEVADINHA
com legumes de outono

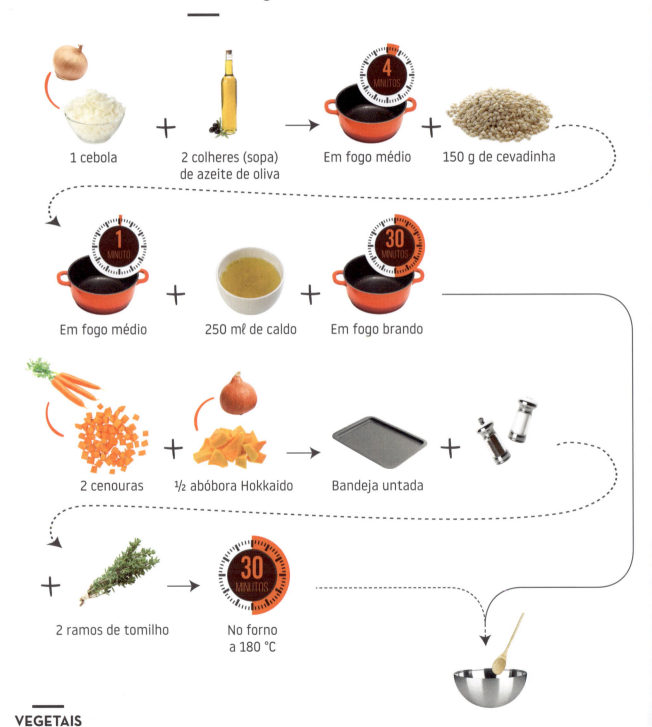

VEGETAIS

138 PANZANELLA
de forno

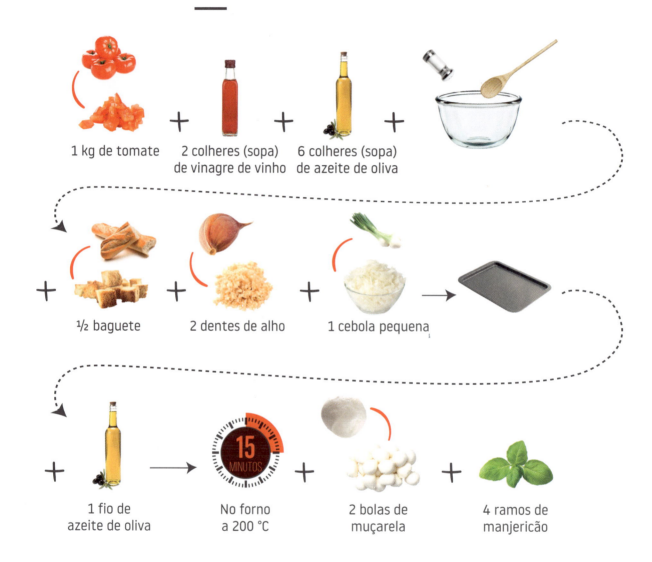

VEGETAIS

SERVE 4 PESSOAS
PREPARO: 15 MINUTOS
COZIMENTO: 15 MINUTOS

139 TABULE
de quinoa

1 colher (sopa) de azeite de oliva + 300 g de quinoa cozida + 2 colheres (sopa) de água → Em fogo médio (3 minutos)

+ 4 tomates + 1 pepino + Molho vinagrete

Reservar (5 minutos) + 4 ramos de salsinha

VEGETAIS

SERVE 4 PESSOAS
PREPARO: 10 MINUTOS
COZIMENTO: 3 MINUTOS
RESERVAR: 5 MINUTOS

141 SALADA
de lentilhas

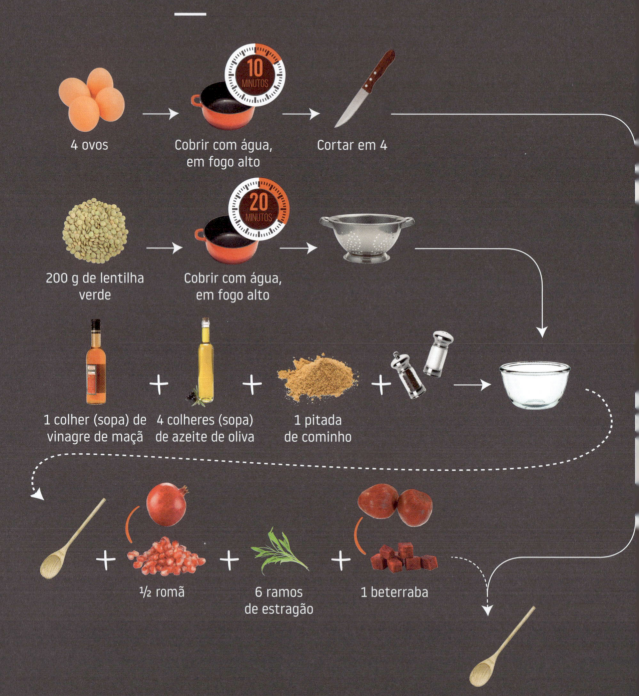

VEGETAIS

SERVE 4 PESSOAS
PREPARO: 15 MINUTOS
COZIMENTO: 20 MINUTOS

142 CURRY DE LEGUMES
à indiana

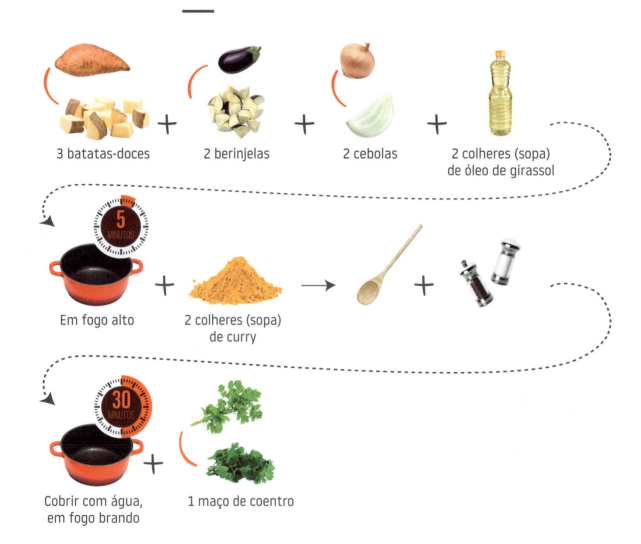

VEGETAIS

143 CUSCUZ DE CEVADA
com legumes

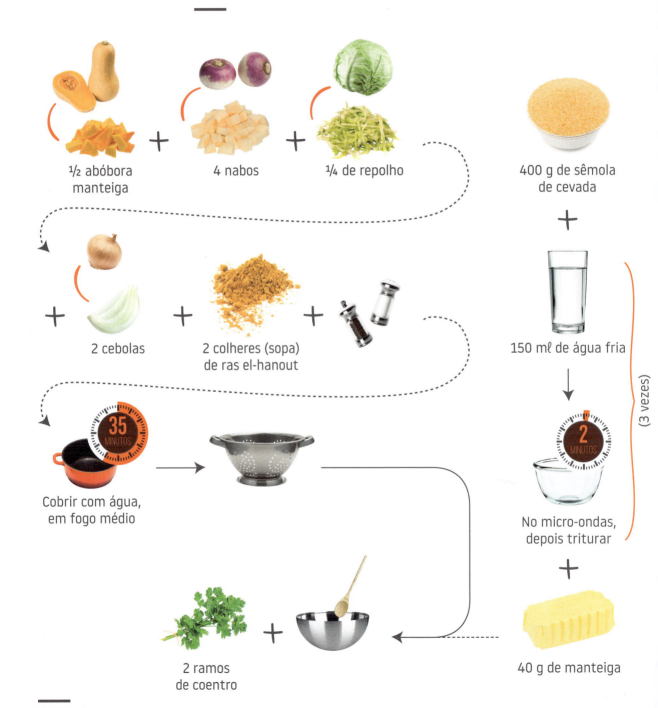

VEGETAIS

144 FLORES DE ABOBRINHA
recheadas com ricota e hortelã

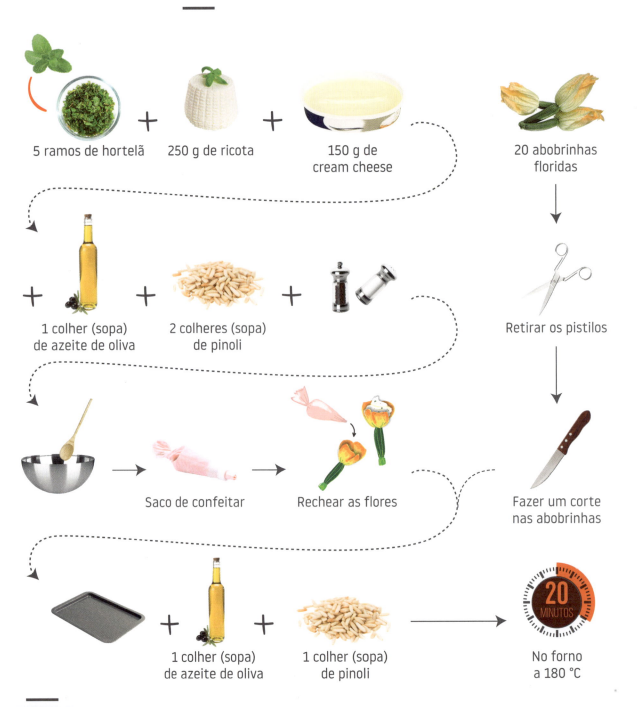

- 5 ramos de hortelã
- 250 g de ricota
- 150 g de cream cheese
- 20 abobrinhas floridas
- 1 colher (sopa) de azeite de oliva
- 2 colheres (sopa) de pinoli
- Retirar os pistilos
- Saco de confeitar
- Rechear as flores
- Fazer um corte nas abobrinhas
- 1 colher (sopa) de azeite de oliva
- 1 colher (sopa) de pinoli
- No forno a 180 °C — 20 minutos

VEGETAIS

SERVE 4 PESSOAS
PREPARO: 25 MINUTOS
COZIMENTO: 20 MINUTOS

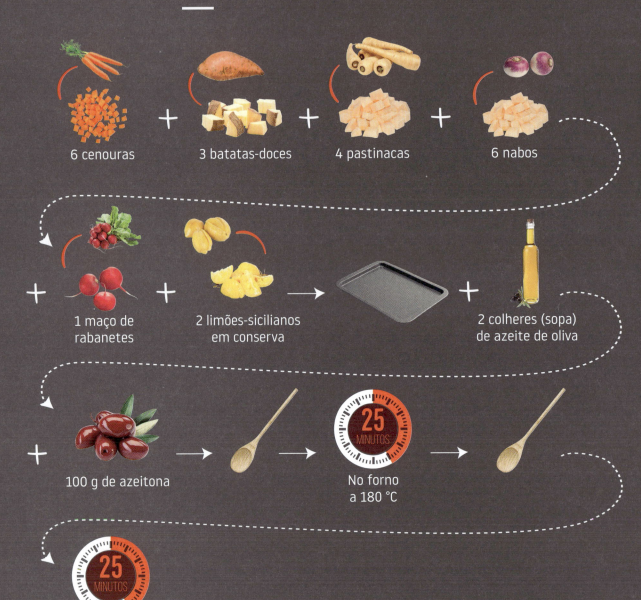

SERVE 8 PESSOAS
PREPARO: 20 MINUTOS
COZIMENTO: 50 MINUTOS

146 TOMATES RECHEADOS
com tofu

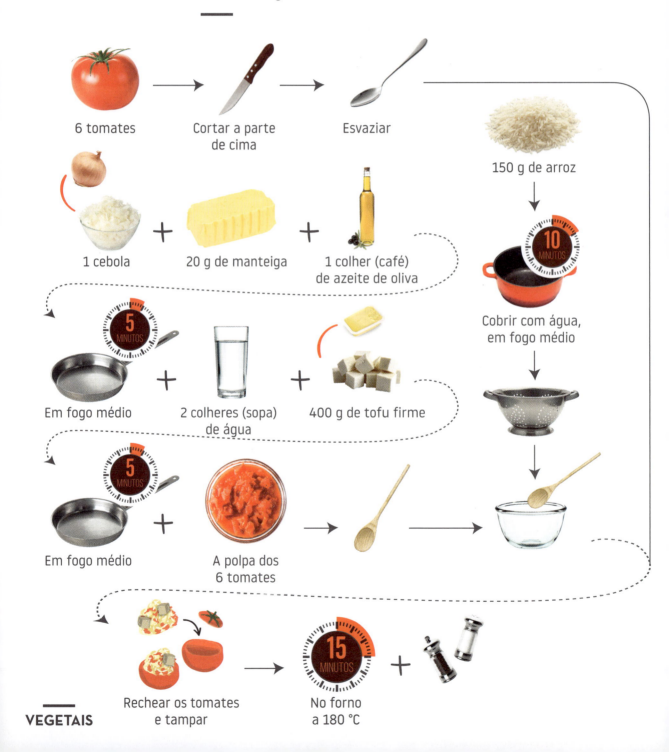

VEGETAIS

SERVE 6 PESSOAS
PREPARO: 15 MINUTOS
COZIMENTO: 25 MINUTOS

147 TOMATES ASSADOS
com queijo de cabra e manjericão

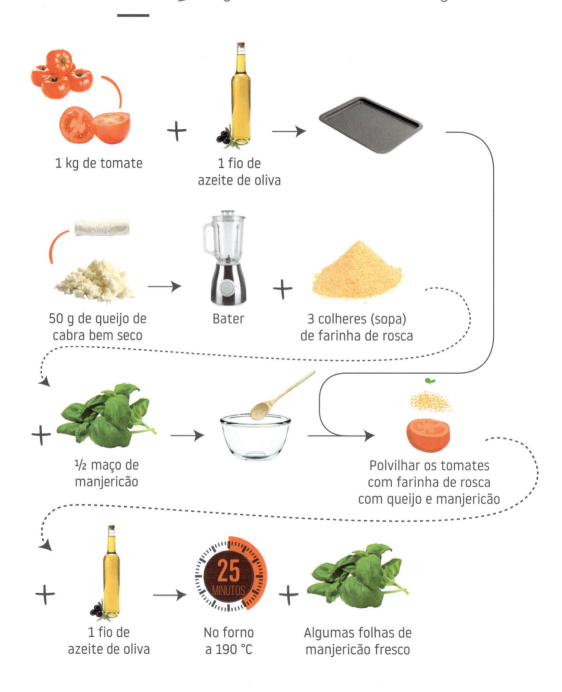

1 kg de tomate + 1 fio de azeite de oliva →

50 g de queijo de cabra bem seco → Bater + 3 colheres (sopa) de farinha de rosca

+ ½ maço de manjericão → Polvilhar os tomates com farinha de rosca com queijo e manjericão

+ 1 fio de azeite de oliva → No forno a 190 °C (25 minutos) + Algumas folhas de manjericão fresco

VEGETAIS

SERVE 4 PESSOAS
PREPARO: 10 MINUTOS
COZIMENTO: 25 MINUTOS

148 LEGUMES RECHEADOS
com ricota

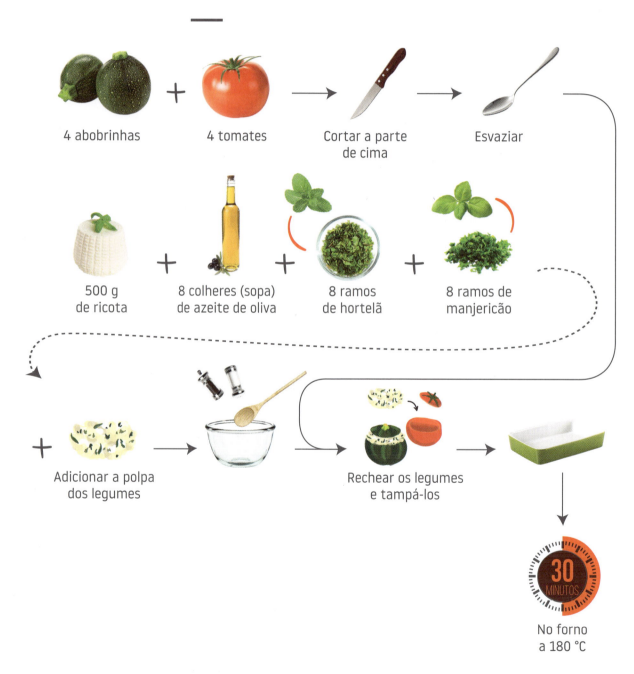

4 abobrinhas + 4 tomates → Cortar a parte de cima → Esvaziar

500 g de ricota + 8 colheres (sopa) de azeite de oliva + 8 ramos de hortelã + 8 ramos de manjericão

+ Adicionar a polpa dos legumes → Rechear os legumes e tampá-los →

30 MINUTOS
No forno a 180 °C

VEGETAIS

SERVE 4 PESSOAS
PREPARO: 15 MINUTOS
COZIMENTO: 30 MINUTOS

149 CENOURAS
com cominho e cúrcuma

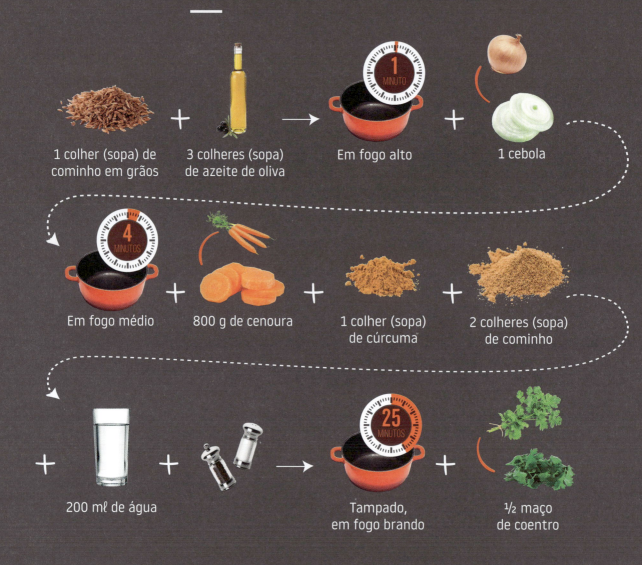

- 1 colher (sopa) de cominho em grãos
- 3 colheres (sopa) de azeite de oliva
- Em fogo alto
- 1 cebola
- Em fogo médio
- 800 g de cenoura
- 1 colher (sopa) de cúrcuma
- 2 colheres (sopa) de cominho
- 200 ml de água
- Tampado, em fogo brando
- ½ maço de coentro

VEGETAIS

SERVE 4 PESSOAS
PREPARO: 15 MINUTOS
COZIMENTO: 30 MINUTOS

150 BATATA ASSADA
com casca

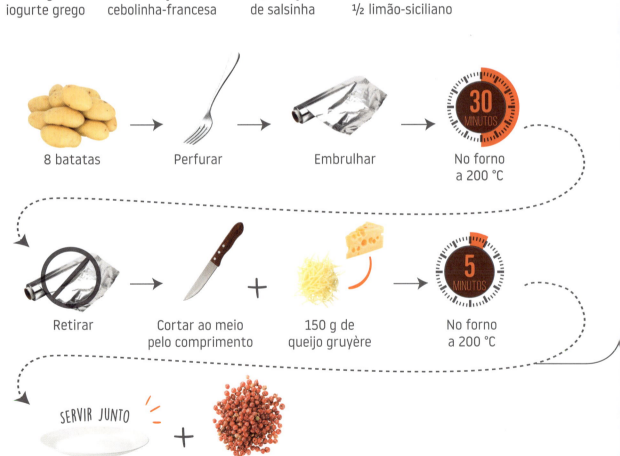

300 g de iogurte grego + ½ maço de cebolinha-francesa + ½ maço de salsinha + Suco de ½ limão-siciliano

8 batatas → Perfurar → Embrulhar → No forno a 200 °C — 30 MINUTOS

Retirar → Cortar ao meio pelo comprimento + 150 g de queijo gruyère → No forno a 200 °C — 5 MINUTOS

SERVIR JUNTO + Pimenta-rosa

VEGETAIS

SERVE 4 PESSOAS
PREPARO: 10 MINUTOS
COZIMENTO: 35 MINUTOS

151 BATATA PALITO
com sal com aroma de alho

VEGETAIS

SERVE 4 PESSOAS
PREPARO: 15 MINUTOS
COZIMENTO: 15 MINUTOS
RESERVAR: 10 MINUTOS

152 RATATOUILLE
à provençal

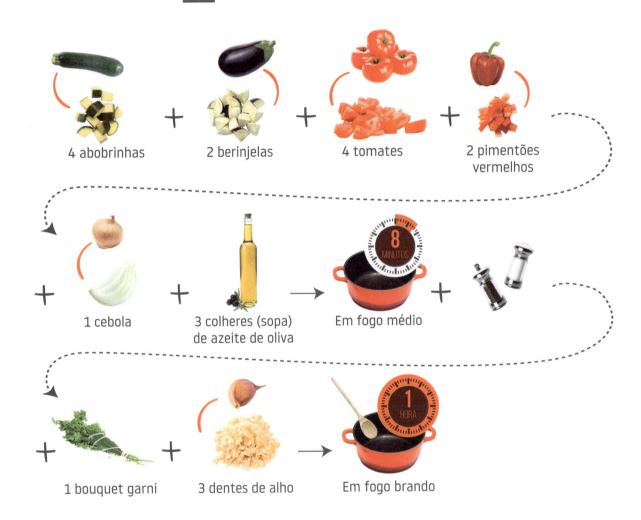

VEGETAIS

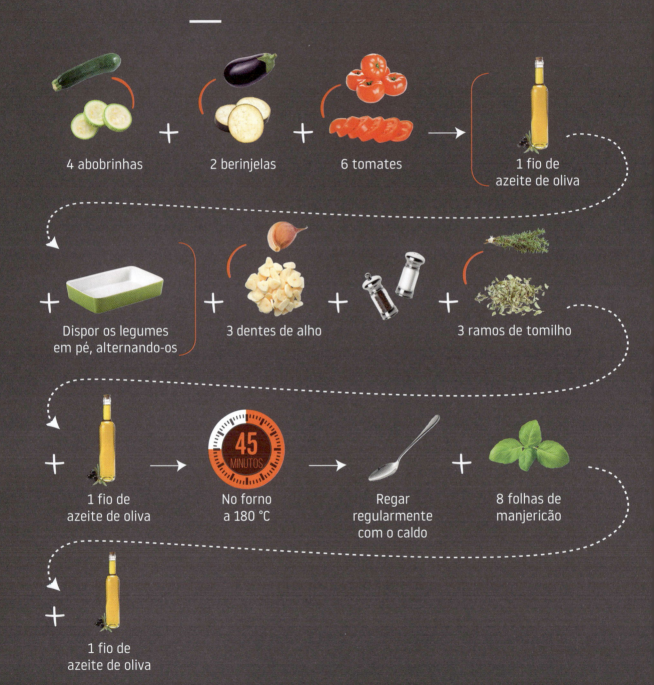

154 ESPAGUETE
de abobrinha com ricota

- 400 g de ricota
- Suco de 1 limão-siciliano
- Raspas de 1 limão-siciliano
- 6 abobrinhas
- 3 colheres (sopa) de creme de leite líquido
- 6 colheres (sopa) de azeite de oliva
- 100 g de pinoli
- 1 fio de azeite de oliva

Cobrir com água, em fogo alto — 3 minutos
Em fogo médio — 5 minutos

VEGETAIS

SERVE 6 PESSOAS
PREPARO: 15 MINUTOS
COZIMENTO: 5 MINUTOS

155 HAMBÚRGUER VEGETARIANO
de feijão-vermelho

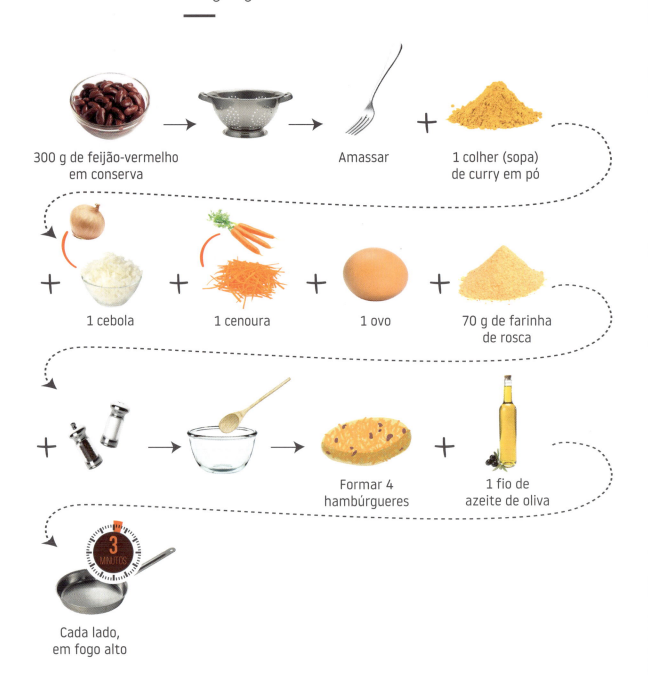

VEGETAIS

SERVE 4 PESSOAS
PREPARO: 15 MINUTOS
COZIMENTO: 6 MINUTOS

156 TORTILLA
de batata

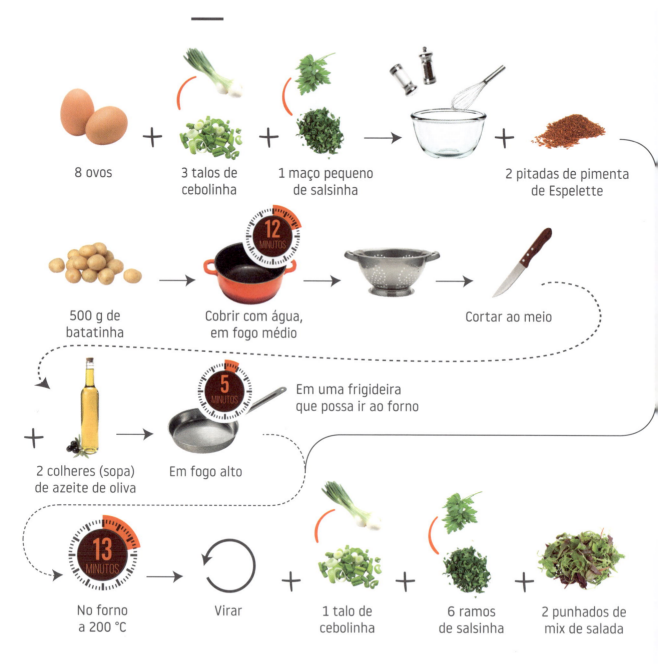

VEGETAIS

SERVE 6 PESSOAS
PREPARO: 20 MINUTOS
COZIMENTO: 30 MINUTOS

157 FRITADA DE ESPINAFRE
com cogumelos

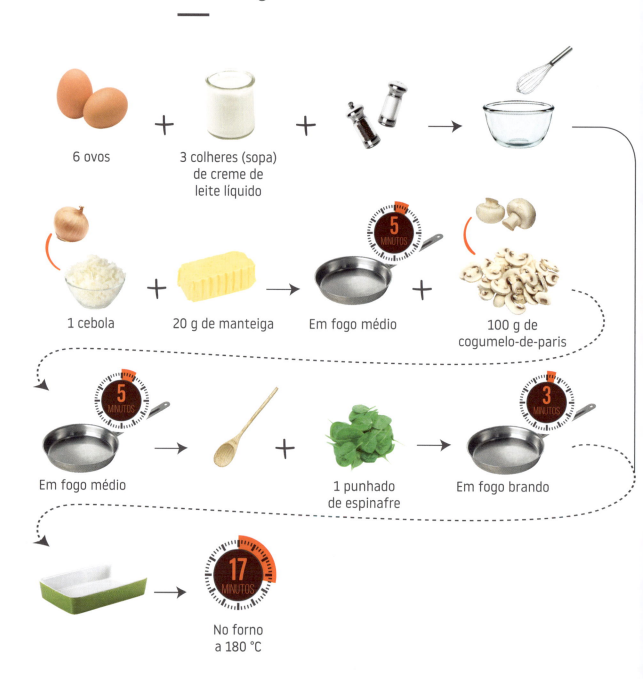

VEGETAIS

158 OMELETE
de cogumelos-de-paris

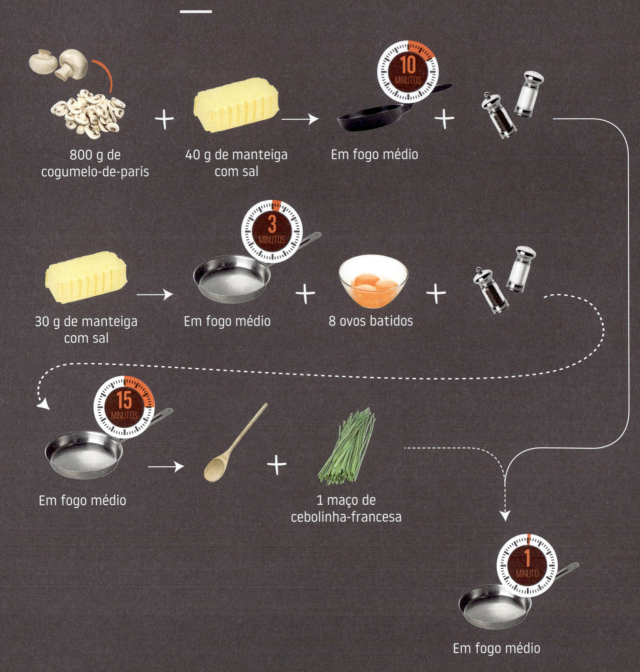

VEGETAIS

159 CAPONATA
siciliana

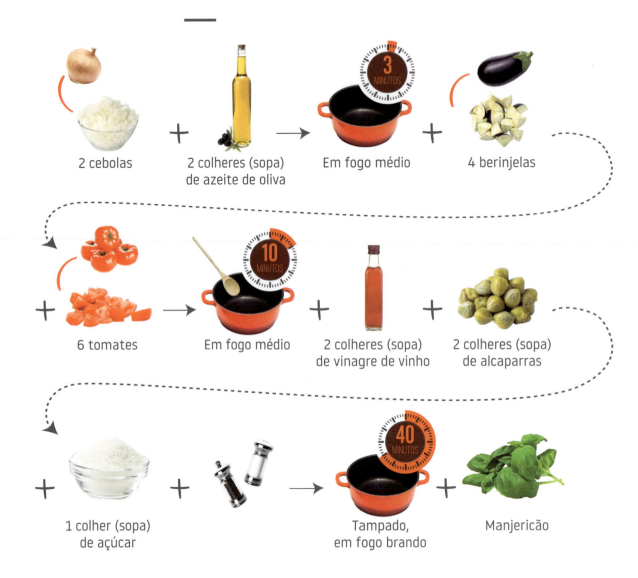

VEGETAIS

SERVE 4 PESSOAS
PREPARO: 15 MINUTOS
COZIMENTO: 53 MINUTOS

160 HAMBÚRGUER VEGETARIANO
de berinjela grelhada

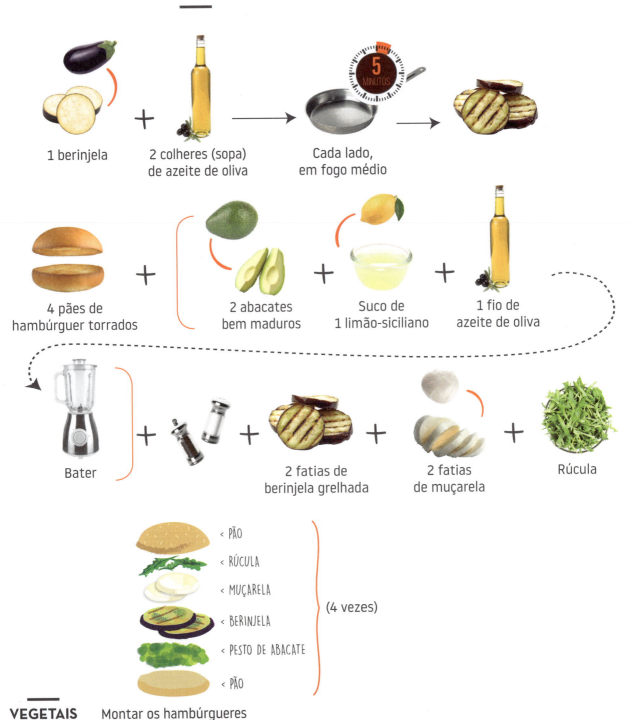

VEGETAIS — Montar os hambúrgueres

SERVE 4 PESSOAS
PREPARO: 15 MINUTOS
COZIMENTO: 10 MINUTOS

161 BOLO DE CHOCOLATE
com pera

SOBREMESAS

162 PETIT GÂTEAU
de chocolate com gengibre

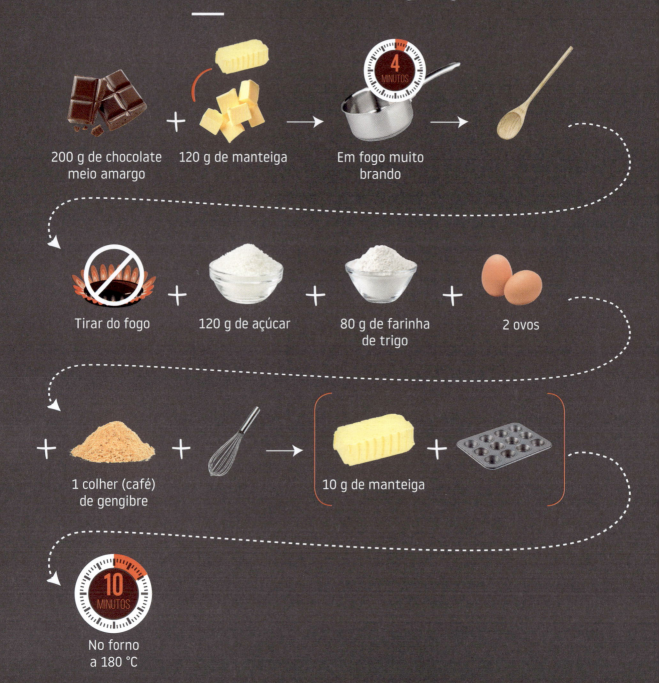

SOBREMESAS

SERVE 6 PESSOAS
PREPARO: 10 MINUTOS
COZIMENTO: 14 MINUTOS

163 BROWNIE
de noz-pecã

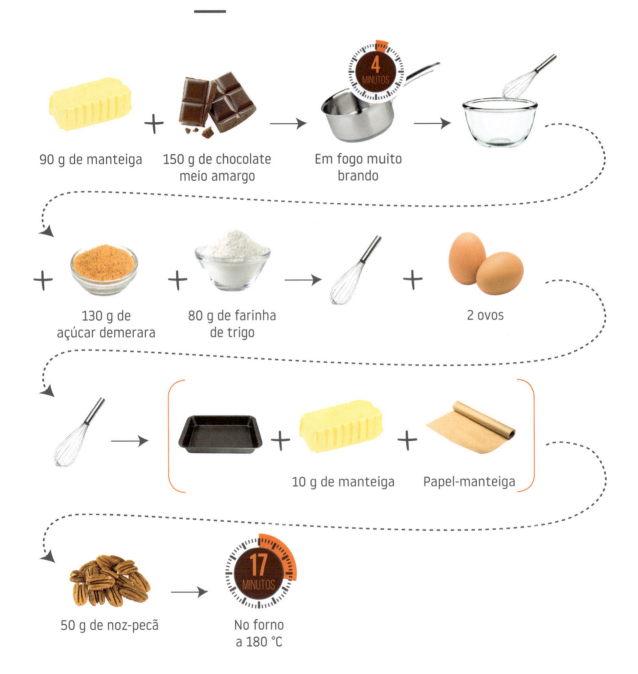

164 BOLO DE CHOCOLATE
para iniciantes

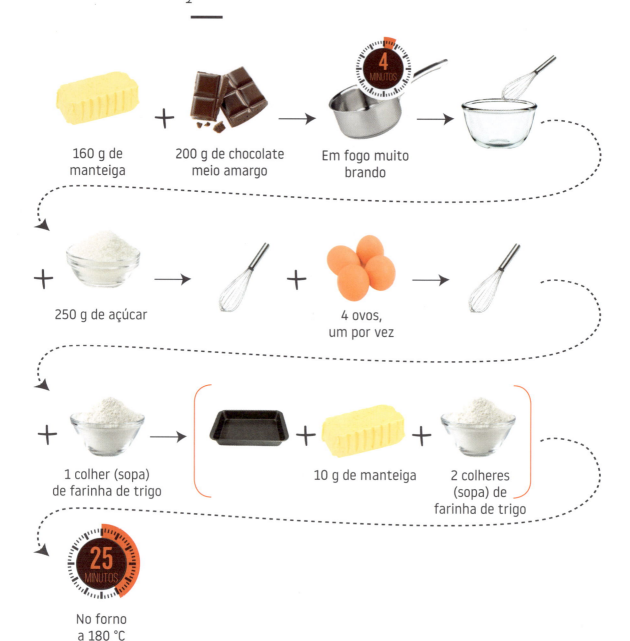

SOBREMESAS

SERVE 6 PESSOAS
PREPARO: 15 MINUTOS
COZIMENTO: 40 MINUTOS

166 CLAFOUTIS
de cereja e amêndoa

3 ovos + 80 g de açúcar demerara → + 80 g de farinha de amêndoas + 50 g de farinha de trigo + 1 colher (café) de essência de baunilha + 100 mℓ de leite → + 1 colher (sopa) de óleo + 1 colher (sopa) de açúcar demerara → + 500 g de cereja congelada + 1 colher (sopa) de açúcar demerara → No forno a 180 °C, 30 minutos

SOBREMESAS

SERVE 6 PESSOAS
PREPARO: 20 MINUTOS
COZIMENTO: 30 MINUTOS

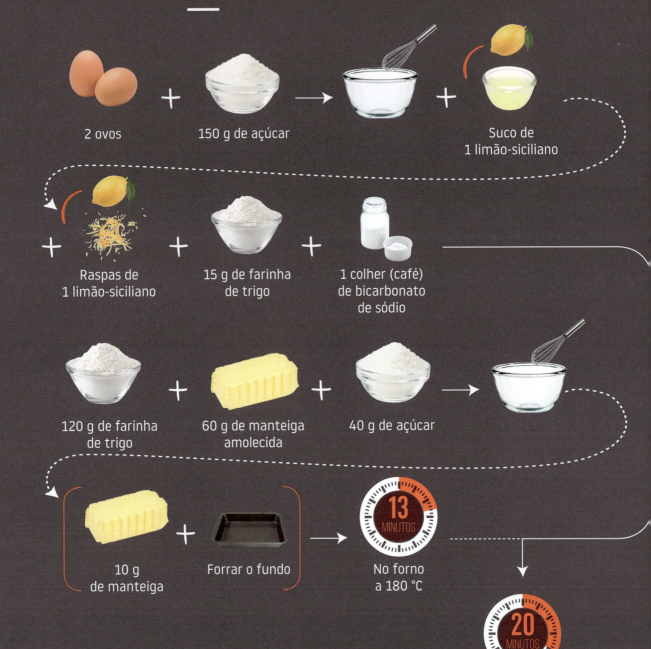

SERVE 8 PESSOAS
PREPARO: 20 MINUTOS
COZIMENTO: 33 MINUTOS

SERVE 8 PESSOAS
PREPARO: 15 MINUTOS
COZIMENTO: 25 MINUTOS
RESERVAR: 5 MINUTOS

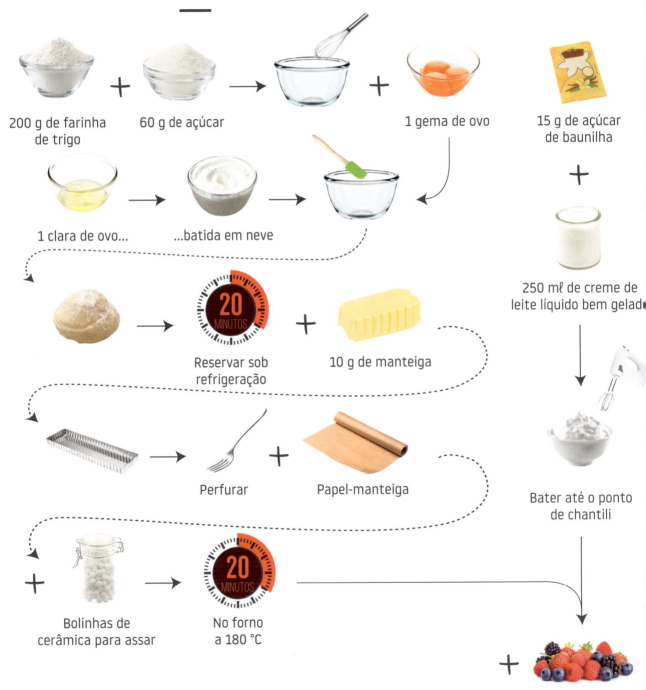

SERVE 8 PESSOAS
PREPARO: 20 MINUTOS
RESERVAR: 20 MINUTOS
COZIMENTO: 20 MINUTOS

170 TARTE TATIN
de pera

- 120 g de açúcar
- Grãos de 1 fava de baunilha
- Em fogo médio (5 minutos)
- 50 g de manteiga
- 8 peras Guyot ou Williams
- Em fogo brando (20 minutos)
- Cobrir com uma massa podre, embutir a borda e perfurar
- No forno a 180 °C (35 minutos)
- Reservar (5 minutos)
- Virar
- 2 ramos de tomilho

SOBREMESAS

SERVE 8 PESSOAS
PREPARO: 15 MINUTOS
COZIMENTO: 1 HORA
RESERVAR: 5 MINUTOS

171 TORTA DE FRUTAS
com creme de amêndoas

120 g de manteiga amolecida + 120 g de açúcar → + 120 g de farinha de amêndoas

+ 3 ovos pequenos →

1 massa sablée → Perfurar + 800 g de frutas da estação

30 MINUTOS — No forno a 180 °C

SOBREMESAS

172 TORTA
de limão

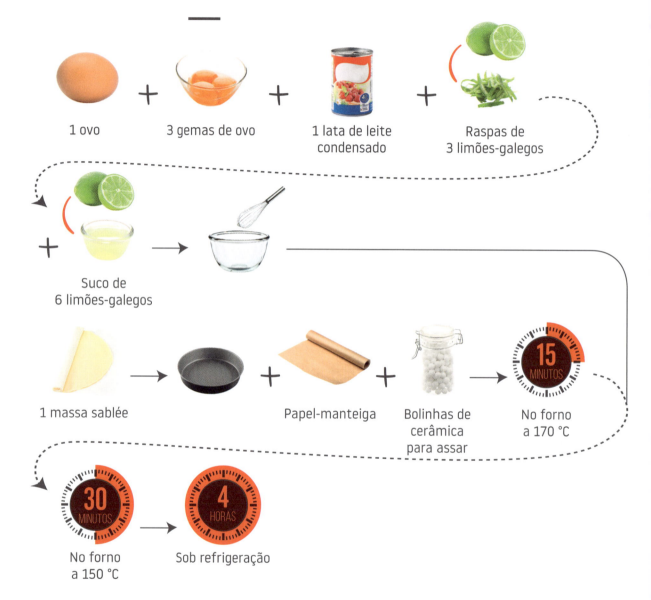

SOBREMESAS

SERVE 6 PESSOAS
PREPARO: 20 MINUTOS
COZIMENTO: 45 MINUTOS
REFRIGERAÇÃO: 4 HORAS

173 PASTÉIS
de nata

SOBREMESAS

SERVE 6 PESSOAS
PREPARO: 25 MINUTOS
RESERVAR: 10 MINUTOS
COZIMENTO: 14 MINUTOS

174 CRUMBLE DE MAÇÃ
e framboesa

100 g de açúcar demerara + 100 g de farinha de trigo + 80 g de manteiga amolecida

Misturar com os dedos → Massa sablée friável

5 ou 6 maçãs + 500 g de framboesa → Esfarelar a massa sobre as frutas

35 MINUTOS
No forno a 180 °C

SOBREMESAS

175 GRANOLA
sabor baunilha

SOBREMESAS

SERVE 6 PESSOAS
PREPARO: 10 MINUTOS
COZIMENTO: 15 MINUTOS

176 CRISPS
de chocolate

RENDE 30 CRISPS
PREPARO: 20 MINUTOS
COZIMENTO: 5 MINUTOS
RESERVAR: 20 MINUTOS

177 MAÇÃS AO FORNO
com pralinê

SOBREMESAS

SERVE 8 PESSOAS
PREPARO: 15 MINUTOS
COZIMENTO: 30 MINUTOS

178 ROLINHOS PRIMAVERA
de frutas

SOBREMESAS

SERVE 4 PESSOAS
PREPARO: 10 MINUTOS
COZIMENTO: 5 MINUTOS

179 TORTINHAS
de abacate

12 tâmaras + 100 g de nozes + 100 g de castanha-de-caju

1 colher (sopa) de açúcar de coco + 1 punhado de nozes

+ 3 colheres (sopa) de manteiga de coco derretida → Bater rapidamente → Reservar sob refrigeração (1 HORA)

Em fogo médio (5 MINUTOS) → Bater rapidamente

2 abacates + Suco de 1 limão-siciliano

Sobrepor as fatias de abacate em formato de rosas (4 vezes)

SOBREMESAS

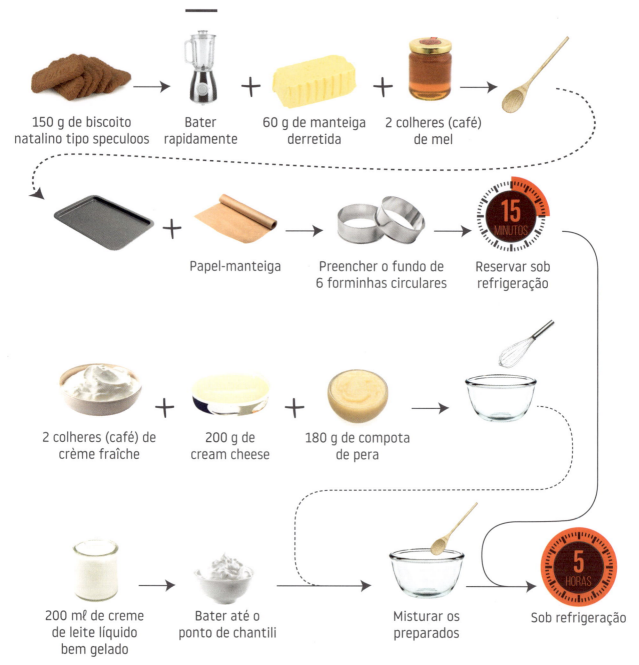

SERVE 6 PESSOAS
PREPARO: 15 MINUTOS
REFRIGERAÇÃO: 5H15

181 MERENGUE
de frutas vermelhas

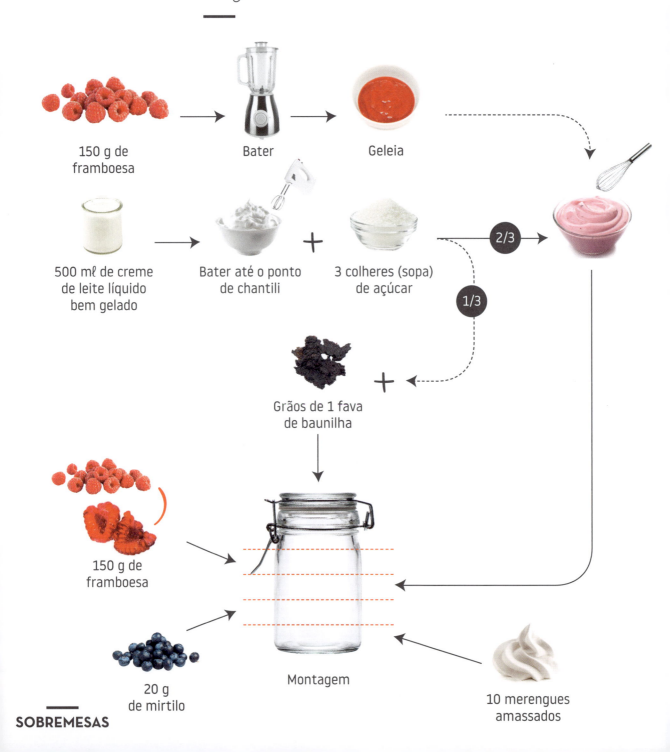

SERVE 4 PESSOAS
PREPARO: 25 MINUTOS

182 TIRAMISU
de vinho Marsala

SOBREMESAS

SERVE 8 PESSOAS
PREPARO: 15 MINUTOS
REFRIGERAÇÃO: 4 HORAS

183 PANNA COTTA
com geleia de fruta

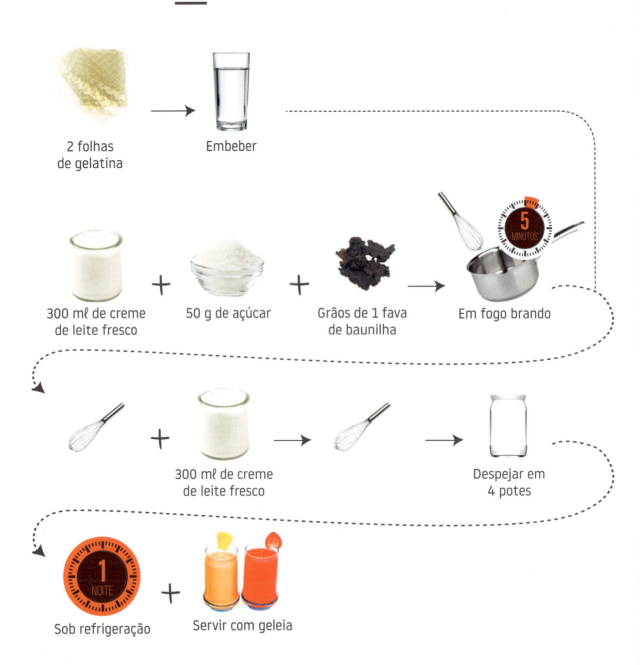

SOBREMESAS

SERVE 4 PESSOAS
PREPARO: 15 MINUTOS
COZIMENTO: 5 MINUTOS
RESERVAR: 12 HORAS

184 CRÈME BRÛLÉE
com cumaru

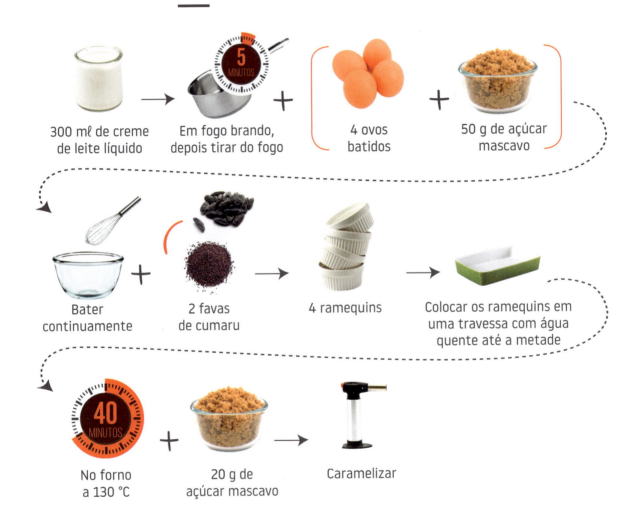

SOBREMESAS

SERVE 4 PESSOAS
PREPARO: 15 MINUTOS
COZIMENTO: 45 MINUTOS

185 MOUSSE
de morango

SOBREMESAS

SERVE 6 PESSOAS
PREPARO: 20 MINUTOS
REFRIGERAÇÃO: 2 HORAS

186 MOUSSE
de chocolate meio amargo

SERVE 4 PESSOAS
PREPARO: 15 MINUTOS
COZIMENTO: 5 MINUTOS
REFRIGERAÇÃO: 3 HORAS

187 GALETTE
des rois

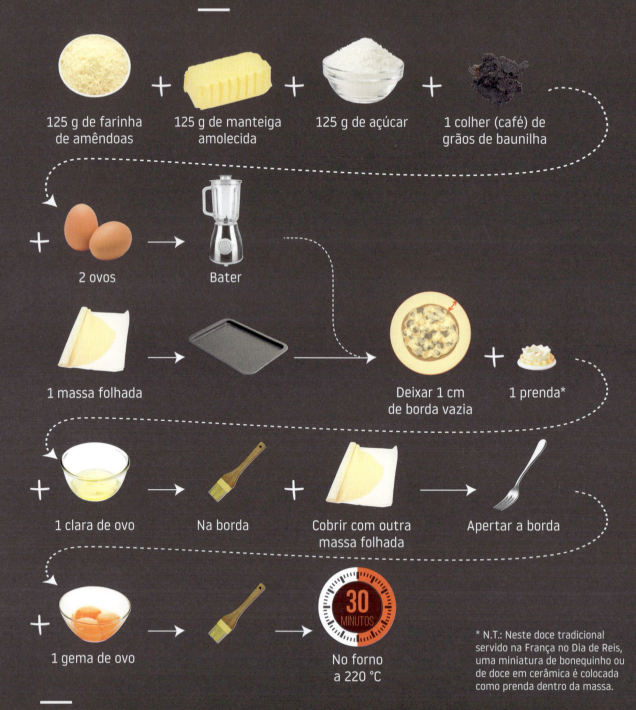

- 125 g de farinha de amêndoas
- 125 g de manteiga amolecida
- 125 g de açúcar
- 1 colher (café) de grãos de baunilha
- 2 ovos → Bater
- 1 massa folhada
- Deixar 1 cm de borda vazia
- 1 prenda*
- 1 clara de ovo → Na borda
- Cobrir com outra massa folhada
- Apertar a borda
- 1 gema de ovo
- No forno a 220 °C — 30 MINUTOS

* N.T.: Neste doce tradicional servido na França no Dia de Reis, uma miniatura de bonequinho ou de doce em cerâmica é colocada como prenda dentro da massa.

SOBREMESAS

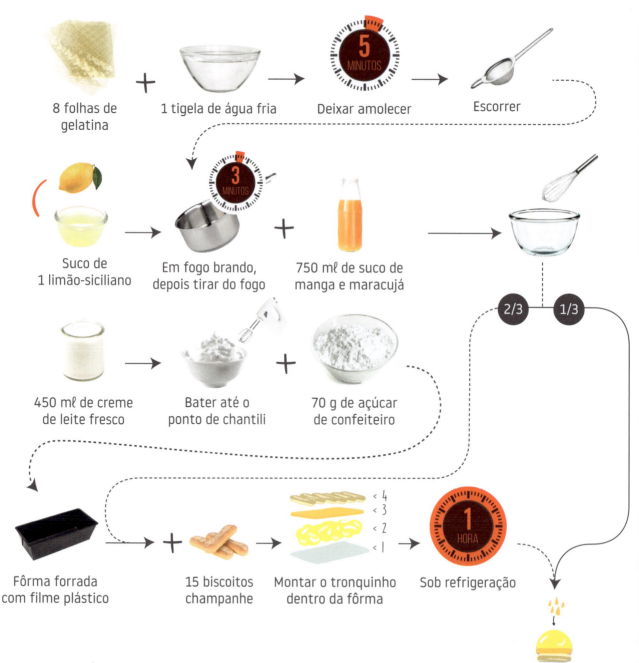

SERVE 6 PESSOAS
PREPARO: 30 MINUTOS
COZIMENTO: 3 MINUTOS
REFRIGERAÇÃO: 1 HORA

189 RASPADINHA
de limão

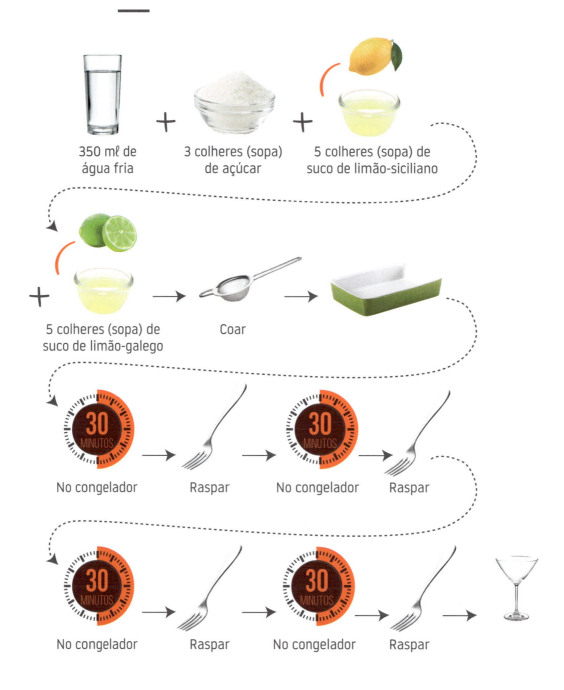

SOBREMESAS

SERVE 4 PESSOAS
PREPARO: 10 MINUTOS
CONGELAMENTO: 2 HORAS

190 SORVETE
de mirtilo

SOBREMESAS

SERVE 4 A 6 PESSOAS
PREPARO: 5 MINUTOS
CONGELAMENTO: 3 HORAS

191 MOJITO
original

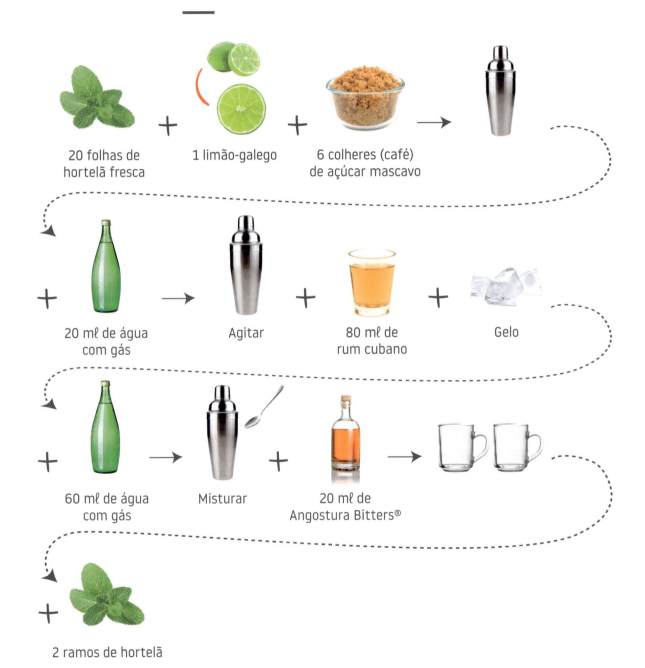

20 folhas de hortelã fresca + 1 limão-galego + 6 colheres (café) de açúcar mascavo → + 20 mℓ de água com gás → Agitar + 80 mℓ de rum cubano + Gelo + 60 mℓ de água com gás → Misturar + 20 mℓ de Angostura Bitters® → + 2 ramos de hortelã

BEBIDAS

RENDE 2 COPOS
PREPARO: 5 MINUTOS

192 PIÑA COLADA
do sol

30 mℓ de rum de Porto Rico + 20 mℓ de água de coco + 30 mℓ de suco de abacaxi + 1 colher (sopa) de açúcar mascavo + Gelo → Agitar vigorosamente + Gelo + 2 fatias de abacaxi

BEBIDAS

193 RASPADINHA
de Cosmopolitan

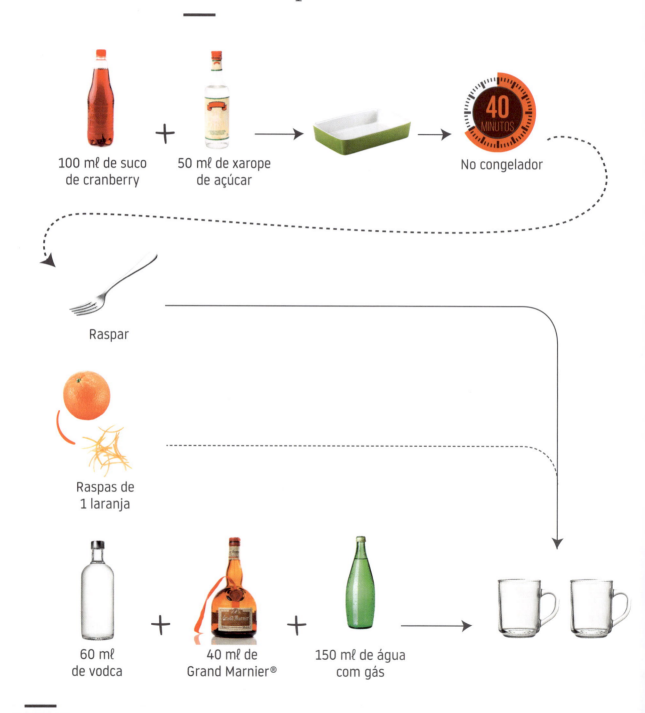

BEBIDAS

RENDE 2 COPOS
PREPARO: 15 MINUTOS
CONGELAMENTO: 40 MINUTOS

194 RASPADINHA
de mojito de pepino

¼ de pepino → Bater → Coar + 2 colheres (sopa) de xarope de açúcar + Suco de ½ limão-siciliano → → → 40 minutos No congelador → Raspar → + 1 limão-galego + ½ pepino + ½ maço de hortelã + 60 ml de rum branco + 200 ml de água com gás

BEBIDAS

RENDE 4 COPOS
PREPARO: 20 MINUTOS
CONGELAMENTO: 40 MINUTOS

195 VINHO QUENTE
com especiarias

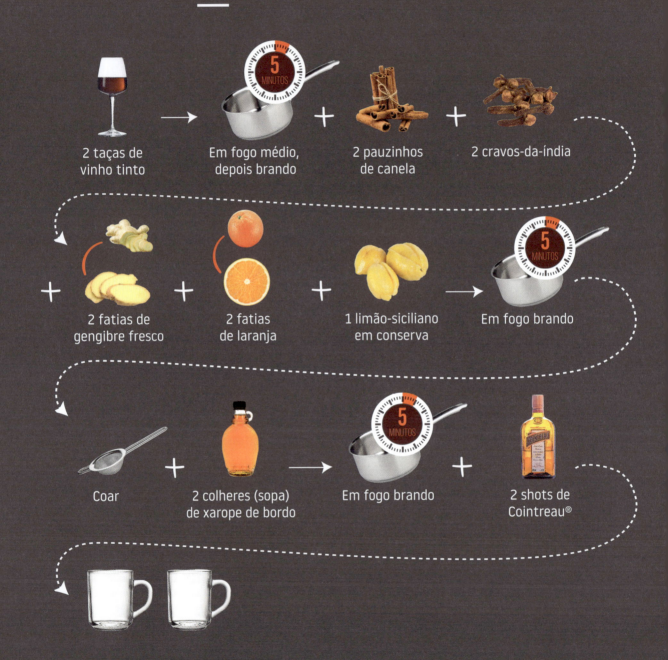

BEBIDAS

RENDE 2 CANECAS
PREPARO: 5 MINUTOS
COZIMENTO: 15 MINUTOS

196 COCO QUENTE
cremoso

1 copo grande de leite de coco → Em fogo brando + 6 quadradinhos de chocolate meio amargo

+ 1 pitada de baunilha em pó + 1 copinho de água de coco + 2 colheres (sopa) de xarope de agave

Bater →

BEBIDAS

RENDE 2 CANECAS
PREPARO: 5 MINUTOS
COZIMENTO: 5 MINUTOS

197 CAFÉ LATTE
decorado

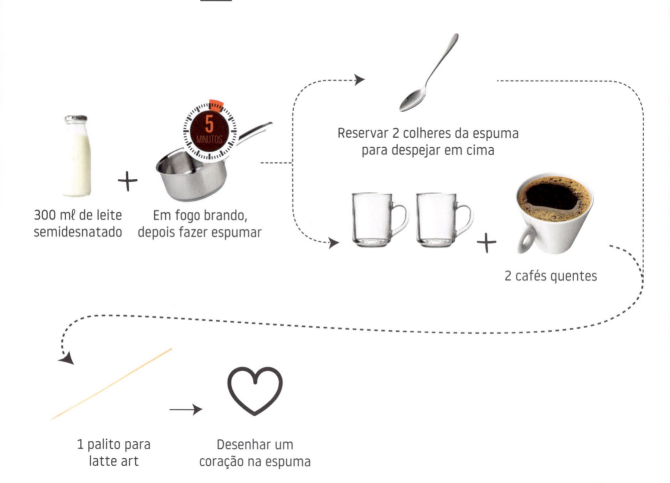

BEBIDAS

RENDE 2 CANECAS
PREPARO: 5 MINUTOS
COZIMENTO: 5 MINUTOS

198 MATCHA LATTE
decorado

199 MEXICAN COFFEE
com especiarias

- 120 ml de tequila
- 40 ml de xarope de açúcar
- Em fogo brando (5 minutos)
- 240 ml de café quente
- 400 ml de creme de leite líquido
- 2 pontas de faca de pimenta de Espelette
- Bater até virar creme

BEBIDAS

RENDE 2 COPOS
PREPARO: 10 MINUTOS
COZIMENTO: 5 MINUTOS

200 IRISH COFFEE
achocolatado

100 mℓ de uísque irlandês + 30 mℓ de xarope de açúcar → Em fogo brando (5 minutos)

+ 2 cafés quentes + Creme chantili

+ Cacau em pó → Polvilhar

BEBIDAS

ÍNDICE DE RECEITAS

A
Almôndegas de vitela com espinafre e gorgonzola 14
Anchovas com tomate-cereja, alho e orégano 94
Arroz com camarão e ervilha 99
Atum semicru com gergelim e vagem 77

B
Bacalhau poché com espinafre e leite de coco 82
Batata assada com casca 150
Batata palito com sal com aroma de alho 151
Batatas com camarão e espinafre 102
Batatas com linguiça de Morteau e mostarda 47
Blanquette de salmão com alho-poró 72
Blanquette de vitela 37
Bolinhos de bacalhau das Antilhas 93
Bolo de chocolate com pera 161
Bolo de chocolate para iniciantes 164
Bolo invertido de abacaxi 168
Bolo marmorizado 165
Brandade de bacalhau 79
Brownie de noz-pecã 163

C
Caçarola de pato com laranja e mel 66
Caçarola de tamboril, batata e presunto 87
Café latte decorado 197
Caldeirada de mexilhões com curry 110
Cannelloni de ricota e espinafre 130
Caponata siciliana 159
Carne com cebola 26
Carne com cerveja 25
Carne com coentro e capim-cidreira 24
Cebola recheada com carne 13
Celentani com hadoque e limão 89
Cenouras com cominho e cúrcuma 149
Cevadinha com legumes de outono 137
Ceviche de saithe 84
Cheesecake de biscoito natalino e pera 180
Chili com carne expresso 23
Clafoutis de cereja e amêndoa 166
Clafoutis de tomate-cereja 118
Coco quente cremoso 196
Colombo suíno 45
Conchiglioni recheados com abóbora e sálvia 126
Costelas de porco ao molho de churrasco 40
Coxas de frango laqueadas com mel, limão e coentro 58
Crème brûlée com cumaru 184
Crisps de chocolate 176
Crumble de maçã e framboesa 174
Curry de bacalhau com garam masala 81
Curry de cordeiro supermacio 39
Curry de legumes à indiana 142
Curry vermelho de frango com leite de coco 59
Curry vermelho de pato 67
Cuscuz de cevada com legumes 143
Cuscuz de sargo 90

D
Dorso de saithe empanado em grãos 85

E
Espaguete à bolonhesa 28
Espaguete com mexilhões 109
Espaguete de abobrinha com ricota 154
Espaguete de tinta de lula com mexilhões 107
Espetinhos de frango tandoori 63
Espetinhos de kafta e salada de tomate 27

F
Fajitas de carne 31
Filé mignon suíno marinado com tomate seco 41
Filezinhos suínos com molho de pera e queijo azul 42
Fish and chips revisitados 80
Flammekueche de queijo cremoso 53
Flores de abobrinha recheadas com ricota e hortelã 144
Focaccia de tomate-cereja 04
Frango assado mítico 56
Frango basco 62
Frango crocante com flocos de milho 57
Fritada de espinafre com cogumelos 157

G
Galette des rois 187
Granola sabor baunilha 175
Gratinado de abóbora com trigo-sarraceno e muçarela 116
Gratinado de alho-poró com queijo emmental 114
Gratinado de batata 115
Gratinado de pimentão e abobrinha com queijo feta 117

H
Hambúrguer americano 30
Hambúrguer vegetariano de berinjela grelhada 160
Hambúrguer vegetariano de feijão-vermelho 155

I
Irish coffee achocolatado 200

L
Lasanha de abobrinha 129
Lasanha de truta e espinafre 76
Legumes assados com azeitonas e limões em conserva 145
Legumes recheados com ricota 148
Linguine com almôndegas 29
Linguine com aspargos e avelã 128
Lula ao molho de conhaque 112
Lula com maionese de limão 15
Lula frita com cebola e alcachofra 113

M
Mac & cheese americano 125
Macarrão com siri, creme de leite e cebolinha-francesa 103
Maçãs ao forno com pralinê 177
Matcha latte decorado 198
Merengue de frutas vermelhas 181
Merluza com molho verde 88
Mexican coffee com especiarias 199
Mexilhões expressos com leite de coco e limão 108
Mojito original 191

Moussaka grega.. 32
Mousse de chocolate
  meio amargo... 186
Mousse de morango.. 185

N

Navalhas grelhadas com salsinha
  e limão.. 111
Nhoque frito primaveril................................. 127

O

Omelete de cogumelos-de-paris................. 158
One pot pasta à putanesca........................... 131
One pot pasta com camarão
  e açafrão.. 101
One pot pasta com legumes
  verdes... 132
One pot pasta de trofie, ervilha
  e toucinho.. 54
Ossobuco com limão em conserva................ 33

P

Panna cotta com geleia de fruta................. 183
Panzanella de forno....................................... 138
Pão de pimentão, queijo brie e
  manjericão.. 119
Pão de queijo feta, abobrinha
  e pinoli... 07
Pão ouriço com queijo scamorza,
  sálvia e toucinho... 03
Pappardelle de sardinha................................. 95
Pastéis de nata... 173
Peixe cozido com especiarias
  suaves... 78
Peixe-espada grelhado com
  molho de salsinha e salada........................ 86
Penne ao molho de tomate
  com toucinho e cebola................................ 49
Penne de trigo-sarraceno com
  mexilhões e hortelã................................... 106
Petit gâteau de chocolate
  com gengibre... 162
Picadinho de vitela com
  cogumelos.. 36
Piña colada do sol... 192
Pizza branca de muçarela e sálvia.............. 124
Pizza branca de salmão defumado............... 74
Pizza de alcachofra em conserva,
  figo e queijo scamorza.............................. 123
Pizza de legumes grelhados,
  presunto e muçarela................................... 52
Pizza fácil de chorizo...................................... 51
Porco sauté com abacaxi............................... 43
Porco sauté com gengibre............................. 44

Q

Quadradinhos de limão................................. 167
Quiche de presunto, hortelã
  e ervilha.. 50

R

Raspadinha de Cosmopolitan...................... 193
Raspadinha de limão..................................... 189
Raspadinha de mojito de pepino................ 194
Ratatouille à provençal................................. 152
Ravióli de peixe branco e cebolinha............ 69
Ravióli frito de camarão................................. 98
Rillettes de salmão levemente
  grelhado... 01
Risoto com pesto de rúcula......................... 134
Risoto de abóbora... 136
Risoto de cogumelos com
  sementes de abóbora............................... 135
Risoto de linguiça e cogumelo...................... 46
Rolinhos de sardinha...................................... 96
Rolinhos primavera de frutas...................... 178
Rosbife com batatas ao pesto....................... 21
Rotelle com salmão.. 73

S

Salada bo bun... 97
Salada coleslaw com maionese
  de mel... 09
Salada de abacate com frutas
  cítricas.. 140
Salada de lentilhas.. 141
Salada de peru com frutas secas.................. 64
Salada de salmão com frutas
  cítricas.. 68
Salada florestal com saucisson..................... 10
Salada poke bowl.. 71
Salada tártara de beterraba e
  queijo de cabra.. 12
Salada verde com muçarela
  de búfala... 11
Salmão com batata escandinava.................. 70
Salmão gravlax com especiarias................... 08
Saltimbocca de vitela com
  muçarela defumada e alecrim.................... 34
Sargo e tomate-cereja com
  macarrão ao ragu.. 91
Sopa cremosa de abóbora e
  de lentilha com curry.................................. 18
Sopa cremosa de abobrinha
  com curry e queijo fresco........................... 16
Sopa cremosa de cenoura
  com amendoim e coentro.......................... 17
Sopa de espinafre com cominho................... 20

Sopa de maçã, batata-doce e
  gengibre... 19
Sorvete de mirtilo... 190

T

Tabule de quinoa... 139
Tagine de camarão com harissa................. 100
Tagine de cordeiro com peras
  e mel... 38
Tagine de frango com tâmaras..................... 61
Tagine de salmão... 75
Tagliolini com favas e muçarela
  de búfala.. 133
Tarte tatin de pera....................................... 170
Tian de legumes com tomilho.................... 153
Tiramisu de vinho Marsala.......................... 182
Tomates assados com
  queijo de cabra e manjericão.................. 147
Tomates recheados com tofu.................... 146
Tomates recheados gratinados.................... 55
Torta de beterraba com
  vinagre balsâmico....................................... 06
Torta de confit de pato.................................. 65
Torta de favas e gorgonzola....................... 120
Torta de frutas com
  creme de amêndoas................................. 171
Torta de legumes... 122
Torta de limão... 172
Torta de merluza com cenoura.................... 92
Torta fina de tomates
  multicoloridos.. 05
Torta fria de cream cheese......................... 121
Torta multifrutas... 169
Torta solar ao pesto com
  muçarela e abobrinha................................. 02
Tortilla de batata.. 156
Tortinhas de abacate................................... 179
Trofie com tomate e linguiça........................ 48
Tronquinho de manga
  e maracujá... 188
Trouxinhas de saithe com
  frutas cítricas.. 83
Trouxinhas de vieira com
  alho-poró.. 104

V

Vieiras com curry e leite de coco............... 105
Vinho quente com especiarias.................... 195
Vitela assada recheada com ervas.............. 35

W

Wok de carne com macarrão
  de arroz e brócolis...................................... 22
Wraps de frango com especiarias................ 60

ADMINISTRAÇÃO REGIONAL DO SENAC NO ESTADO DE SÃO PAULO
Presidente do Conselho Regional: Abram Szajman
Diretor do Departamento Regional: Luiz Francisco de A. Salgado
Superintendente Universitário e de Desenvolvimento: Luiz Carlos Dourado

EDITORA SENAC SÃO PAULO
Conselho Editorial: Luiz Francisco de A. Salgado
Luiz Carlos Dourado
Darcio Sayad Maia
Lucila Mara Sbrana Sciotti
Luís Américo Tousi Botelho

Gerente/Publisher: Luís Américo Tousi Botelho
Coordenação Editorial: Ricardo Diana
Prospecção: Dolores Crisci Manzano
Administrativo: Verônica Pirani de Oliveira
Comercial: Aldair Novais Pereira

Tradução: Michele A. Vartuli
Edição, Preparação e Revisão de Texto: Bianca Rocha
Coordenação de Revisão de Texto: Janaina Lira
Coordenação de E-books: Rodolfo Santana
Editoração Eletrônica e Capa: Antonio Carlos De Angelis

Título Original: La Cuisine Sans Bla Bla
Direção de Publicação: Isabelle Jeuge-Maynart, Ghislaine Stora
Direção Editorial: Émilie Franc
Edição: Marion Dellapina
Concepção Gráfica: Valentine Antenni
Adaptação e Diagramação: Émilie Laudrin
Produção: Donia Faiz
© Larousse, 2018

DADOS INTERNACIONAIS DE CATALOGAÇÃO NA PUBLICAÇÃO (CIP)
(Jeane Passos de Souza - CRB 8ª/6189)

Cozinha sem blá-blá-blá / tradução de Michele A. Vartuli. –
São Paulo : Editora Senac São Paulo, 2018.

Título original: La cuisine sans bla bla.
ISBN 978-85-396-2487-4 (impresso/2018)

1. Culinária 2. Culinária prática (receitas e preparo)
I. Vartuli, Michele A.

CDD – 641.5   18-818s
                              BISAC CKB023000

ÍNDICE PARA CATÁLOGO SISTEMÁTICO:
1. Culinária prática (receitas e preparo)   641.5

CRÉDITOS DAS RECEITAS
© Larousse, Anne Loiseau: 6, 14, 18, 20, 22, 24, 26, 28, 44, 48, 72, 74, 76, 86, 110, 120, 122, 132, 146, 160, 162, 172, 178, 198, 258, 294, 308, 310, 338, 340, 342, 358, 394, 396, 404; © Larousse, Coralie Ferreira: 8, 12, 46, 54, 84, 96, 108, 118, 134, 144, 152, 192, 242, 246, 250, 280, 284, 286, 292, 298, 300, 330, 344, 346, 356, 370, 382, 384; © Larousse, Bérengère Abraham: 10, 58, 60, 62, 100, 102, 104, 112, 140, 150, 176, 182, 186, 194, 210, 216, 218, 220, 226, 230, 236, 256, 260, 266, 268, 270, 276, 312, 314, 324, 366, 374, 376; © Larousse, Mélanie Martin: 16, 50, 52, 70, 92, 98, 124, 126, 202, 208, 222, 244, 306; © Larousse, Vincent Amiel: 30, 32, 34, 272, 378, 380, 400; © Larousse, Isabelle Guerre: 36, 40, 56, 78, 80, 128, 136, 142, 228, 288, 302, 322, 336; © Larousse, Clémence Roquefort: 38, 42, 238, 274, 278; © Larousse, Audrey Cosson: 64, 106, 116, 254, 304, 332, 354, 360; © Larousse, Julie Soucail: 66, 82, 94, 130, 154, 166, 204, 206, 214, 372; © Larousse, Pauline Dubois: 68, 114, 240, 262, 264; © Larousse, Aude Royer: 88, 90, 148, 164, 170, 180, 196, 224, 232, 248, 252, 296, 320, 328, 352, 364; © Larousse, Blandine Boyer: 138, 184, 190, 200, 290, 348, 350, 368; © Larousse, Noémie Strouk: 156, 158, 168, 174, 188, 212; © Larousse, Dorian Nieto: 234, 316; © Larousse, Camille Depraz: 282, 318; © Larousse, Quitterie: 326; © Larousse, DR: 334; © Larousse, Marine Durand: 362; © Larousse, Guillaume Guerbois: 386; © Larousse, Sandrine Houdré-Grégoire: 388, 398; © Larousse, Sylvie Rost: 390, 392.

CRÉDITOS DAS FOTOGRAFIAS
© Larousse, Emanuela Cino: 7, 15, 19, 21, 23, 45, 49, 51, 53, 71, 73, 75, 77, 87, 93, 99, 111, 121, 123, 125, 127, 163, 209, 245, 259, 295, 307, 309, 311, 339, 341, 343, 359; © Larousse, Aimery Chemin: 9, 13, 55, 85, 97, 109, 119, 135, 153, 243, 247, 251, 285, 287, 301, 331, 345, 347, 371, 385; © Larousse, Charly Deslandes: 11, 47, 145, 193, 281, 293, 299, 357, 399; © Larousse, Amandine Honneger: 17, 37, 39, 41, 43, 57, 69, 79, 83, 89, 91, 95, 113, 115, 129, 139, 149, 155, 157, 159, 161, 165, 167, 169, 171, 173, 175, 177, 179, 181, 183, 185, 187, 189, 191, 195, 197, 201, 203, 205, 207, 213, 215, 217, 223, 227, 229, 233, 239, 249, 253, 257, 263, 269, 273, 275, 277, 279, 283, 291, 297, 303, 319, 321, 325, 334, 337, 349, 351, 353, 369, 383, 387, 389, 391, 393; © Larousse, Delphine Constantini: 25, 27, 29, 133, 147, 199, 327, 379, 381, 395, 397, 401, 403, 405; © Larousse, Claire Payen: 31, 33, 35; © Larousse, Marie-José Jarry: 59, 61, 63, 101, 103, 105, 151, 211, 219, 221, 231, 237, 261, 267, 271, 313, 315; © Larousse, Virginie Garnier: 65, 107, 117, 255, 305, 333, 355, 361; © Larousse, Fabrice Veigas: 67, 131, 363, 373; © Larousse, Aline Princet: 81, 137, 143, 241, 265, 289, 323; © Larousse, Myriam Gauthier-Moreau: 141, 367; © Larousse, Fabrice Besse: 225, 329, 365; © Larousse, Dorian Nieto: 235, 317; © Larousse, Valérie Lhomme: 375, 377.

CRÉDITOS DAS IMAGENS
© Larousse, © Shutterstock, © Thinkstock.

Proibida a reprodução sem autorização expressa.
Todos os direitos reservados à
Editora Senac São Paulo
Av. Engenheiro Eusébio Stevaux, 823 – Prédio Editora – Jurubatuba
CEP 04696-000 – São Paulo – SP
Tel. (11) 2187-4450
editora@sp.senac.br
https://www.editorasenacsp.com.br

© Edição brasileira: Editora Senac São Paulo, 2018